爱与尊重：与孩子共同成长

# 小天才

[意]阿尔贝托·佩莱　✕　[意]芭芭拉·坦博里尼　著
（Alberto Pellai）　　（Barbara Tamborini）

崔鹏飞　译

中国科学技术出版社
·北　京·

图书在版编目（CIP）数据

小天才 /（意）阿尔贝托·佩莱,（意）芭芭拉·坦博里尼著；崔鹏飞译 . -- 北京：中国科学技术出版社，2022.3

（爱与尊重：与孩子共同成长）

ISBN 978-7-5046-9263-4

Ⅰ. ①小… Ⅱ. ①阿… ②芭… ③崔… Ⅲ. ①儿童教育—家庭教育 Ⅳ. ①G782

中国版本图书馆 CIP 数据核字（2021）第 210883 号

著作权登记号：01-2021-0165

World copyright © 2016 DeA Planeta Libri S.r.l.,
www.deaplanetalibri.it
CHE GENIO

本书中文版由 DeA Planeta Libri S.r.l., 授权中国科学技术出版社出版。未经出版者书面许可，不得以任何方式复制或抄袭或节录本书内容。

版权所有，侵权必究。

| 策划编辑 | 符晓静　肖　静 |
| --- | --- |
| 责任编辑 | 符晓静　肖　静 |
| 正文设计 | 中文天地 |
| 责任校对 | 焦　宁 |
| 责任印制 | 徐　飞 |

| 出　　版 | 中国科学技术出版社 |
| --- | --- |
| 发　　行 | 中国科学技术出版社有限公司发行部 |
| 地　　址 | 北京市海淀区中关村南大街 16 号 |
| 邮　　编 | 100081 |
| 发行电话 | 010-62173865 |
| 传　　真 | 010-62173081 |
| 网　　址 | http://www.cspbooks.com.cn |

| 开　　本 | 880mm×1230mm　1/32 |
| --- | --- |
| 字　　数 | 100 千字 |
| 印　　张 | 5 |
| 版　　次 | 2022 年 3 月第 1 版 |
| 印　　次 | 2022 年 3 月第 1 次印刷 |
| 印　　刷 | 北京荣泰印刷有限公司 |
| 书　　号 | ISBN 978-7-5046-9263-4 / G·919 |
| 定　　价 | 49.00 元 |

（凡购买本社图书，如有缺页、倒页、脱页者，本社发行部负责调换）

# 前言
## PREFACE

你真是个天才！恭喜你选择了这本书！这意味着你想要让自己变得更好，而不是碌碌无为地度过一生。

在学校里一切顺利吗？也许你可能顺利，也可能不顺利。无论你的答案是什么，这本书都是适合你的。在写这本书的时候，我们并没有只想着班上前几名的学生，或者什么都要拿第一的学生。我们想的就是你，你有自己的强项和弱项，优点和缺点。我们想通过这本书，让你和历史上以及现在最伟大的天才们有直接联系。为此我们做了大量的研究，仔细研读了很多知名人物的生平，然后我们想：这些天才们有什么可以教给如今的孩子的呢？

因此，我们决定讲述每个人物小时候的一个小故事。你们将要读到的故事并不都是真实发生了的，有一些细节是我们发挥想象力想象出来的。当你读到对话的时候，那些话很有可能并不是人物的原话。爱因斯坦的奶奶把义齿笑掉就不是真实发生过的事情。重现这 20 个人物的日常生活场景是件很有意思

**小天才**

的事情。虽然故事是我们自己编的，但故事的灵感其实来源于这些人物的生平。人物的特点都是真的，比如他们生活的地方、成长的家庭、兴趣爱好、要面临的困难等。我们的目标是，通过一个个简短而生动的小故事，让大家抓住每个天才的核心特点。我们可以了解到他们的性格、成长的环境、付出的努力以及他们的强项。每个故事后都会有这个人物的生平介绍。这一部分信息都是真实的。你们可以了解这个人物更多的信息，知道他们为何在全世界闻名。如果你还有兴趣的话，可以自己去了解更多的信息。

每个人物都可以给你不同的激励。你可以自己去设想一下，每个人物会给你怎样的人生建议。进入他们的故事中去，聆听自己内心的声音，感受一下自己与哪些情节更有共鸣。这会是一场神奇的心灵经历。

在本书的第二部分里，你可以找到一些实用的小方法，它们可以帮你写出属于自己的天才故事。我们眼中的你就是这样的，你是一个勇敢的孩子，可以参与各种活动，留下自己或大或小的印记。首先，你需要找到一位导师，也就是一个可以陪伴你一起进步的成年人。虽然身边的成年人很多，但要认真地找到能够启迪你的人生智慧的成年人作为导师。你还可以在卡片中找到一些信息，它们虽然简短但很重要，可以帮助你找到兴趣，并且让兴趣成为生活中重要的一部分。在身边人的帮助之下，你可以知道自己有哪些才能。你还可以了解到辛苦和枯燥是完成伟大事业的两个重要伙伴。

## 前　言

　　如果你长大之后能做一份发挥自己特长的工作，而且能说"我真喜欢自己做的工作"这样的话，对于我们来说，你就是个天才。现在开始想并不为时过早。在这本书里，你可以找到一些具体的做法，它们可以帮你提升自己的能力和兴趣。你做的事情和自己的兴趣越接近，你就越是个有趣的人，而且你还可以激起身边人的兴趣。

　　书中还有一些游戏，通过这些游戏，你可以知道自己到底有没有掌握这20个人物的故事，也可以测试一下自己的注意力。

　　你在问自己到底想不想成为天才吗？

　　给自己设立更高的目标是有益的。我们祝你能成为天才，不过就算全世界都没意识到你的天才之处，我们也相信你可以成为一个优秀的人。

　　祝阅读愉快！

# 目 录
## CONTENTS

阿尔伯特·爱因斯坦 / 001

拉斯洛·约瑟夫·比罗 / 007

阿梅莉亚·玛丽·埃尔哈特 / 013

艾萨克·牛顿 / 019

丽塔·莱维·蒙塔尔奇尼 / 025

路德维希·凡·贝多芬 / 031

玛利亚·蒙台梭利 / 037

尤塞恩·博尔特 / 043

萨曼莎·克里斯托弗雷蒂 / 049

圣女贞德 / 055

阿西西的圣方济各 / 061

查理·卓别林 / 069

贝利 / 075

特蕾莎修女 / 081

费德丽卡·佩莱格里尼 / 087

巴勃罗·毕加索 / 093

奥黛丽·赫本 / 099

玛格丽塔·哈克 / 105

安妮·弗兰克 / 111

路易斯·阿姆斯特朗 / 117

现在轮到你了！/ 123

致谢 / 149

# 阿尔伯特·爱因斯坦

Love and Respect

# 小天才

　　我太生气了！就因为没有背诗，刚才我在学校被记过了。背诗多没意思啊！

　　等等，如果你是那种无所不知的学霸，而且只要成绩在8分以下就有可能焦虑不安的话，那你还是快点儿翻页去看下一个故事吧。

　　你还没翻页吗？很好，我对你的印象已经不错了。现在我就可以告诉你，我为什么这么生气：你要知道，我特别讨厌背书。我不明白为什么要记住那些东西，比如俄罗斯河流的名字，反正我永远都不会去俄罗斯的河里游泳，更不会划独木舟漂流！还有那些诗，我不该说这些，如果我妈妈听到了，她会受到打击，不，我会受到她的打击。

　　但我还是个小孩子，你们懂的，小孩子总是可以想什么就说什么。

　　"嗨，阿尔伯特，你回来啦？"

　　妈妈回家了。希望妹妹玛丽亚别揭穿我！

　　"宝贝，你在哪儿呀？"

　　"嗨，妈妈，你今天穿的衣服真好看！这颜色真适合你！"我们得先夸她一下，妈妈总是吃这一套。她肯定会过来亲我一下。

　　"你今天在学校表现得怎么样？有什么要告诉我的吗？"糟

了，我还以为她不会问这件事呢。但是，妈妈却开门见山，直戳要害。

"我有没有跟你说过我把蒸汽火车头拼好了呀？"我觉得，就算我告诉她我以后会提出相对论，现在也没有办法让她换个话题。"好吧！老师问了我一些和诗歌有关的问题，刚开始我回答得还不错！"

"然后呢？你分数很低吗？"

"没有！当然没有！老师就没有给我打分……"

"阿尔伯特，你真吓到我了。"

"老师说这次不给我打分，想直接给我记个过！"

妈妈皱了一下鼻子，我马上就明白是什么意思了。上帝创造我的时候一定是忘了什么东西，所以你就算不是个天才，也能发现我和其他小朋友不一样。我8岁的时候就会读书了。我敢打赌，就算你把这件事告诉你的老师，他也不会相信。而且我还常常自言自语。在和别人说话前，我会自己先重复两三遍。有时，当周围没人的时候，我也会这么做。这样我更能听清自己脑子里的声音。我思考的东西太多了，所以老是分心。

"这次，我要把你的两本物理书都没收了。"

小天才

谢天谢地,我早就读完了。

"还有《达尔文》!"

"别没收《达尔文》,我求你了,妈妈,你没收别的什么书都行,《达尔文》不行!"

"没商量,就这样,我要没收一周。"

我完了。这将会是难熬的一周。对我来说,最大的惩罚就是不让我看物理书和科学书。

但好在我还有奶奶。她从来不担心我,而且我每次和她说话,她都会慈祥地微笑。昨晚我给她讲了个我自己编的笑话:

"一个数学家上床睡觉时要带两个玻璃杯在身上,一个装满了水,另一个空空如也,你知道为什么吗?"

她想了很久,最后相当肯定地回答说:"有一个杯子是给他想象中的朋友的。"

奶奶不像我,她的想象力可丰富了。

"奶奶,当然不是啦!"我告诉她,"一个口渴时喝,一个不口渴时喝。"

刚开始她还一本正经地看着我,于是我向她吐了吐舌头,之后我们就笑了起来,甚至笑出了眼泪。

奶奶笑得合不拢嘴,最后还发生了一件神奇的事:她的义齿从嘴里掉出来,落到了手里装着水的玻璃杯里。扑通!正中靶心!

我很肯定一点,熬过惩罚周的唯一方法就是,再想出来几个笑话,以及思考奶奶义齿掉落的抛物线。

# 阿尔伯特·爱因斯坦

（1879年，乌尔姆—1955年，普林斯顿）

阿尔伯特·爱因斯坦是一位德裔物理学家和哲学家。

他出生在一个不是特别传统保守的犹太家庭，小时候的他性格孤僻，唯一且真正的爱好就是读书和学科学。5岁的时候，他的父亲赫尔曼送了他一个指南针，就是这个如此简单的礼物在他心里点燃了探索的火花。宇宙中怎么可能有一个东西可以吸引铁针，并且总是让它指向同一个方向呢？阿尔伯特完全被这个物理谜题吸引了。

由于经济拮据，阿尔伯特一家居无定所，他们在许多国家居住过，其中就有意大利。后来，他在瑞士的名校——苏黎世联邦理工学院学习，并于1900年毕业。随后，与同学米列娃订婚，并在不久后结婚，还生了两个孩子。但是，他们并没有白头偕老，在和米列娃离婚后，阿尔伯特又有一次婚姻。

随后，爱因斯坦开始了自己的学术生涯，在《科学》杂志上发表过许多文章，向世界介绍自己那些卓越的发现。其中最著名的当然就是相对论啦！直到今天，爱因斯坦仍被认为是科学史上非常著名的科学家之一，他的研究永远改变了人们看待物理世界的方式。1921年，他获得了诺贝尔物理学奖。刚过50岁的时候，为了躲避正在欧洲发生的对于犹太人的迫害，爱因斯坦移居到了美国。在那里，他继续投身于科学研究之中，同时与另一位著名的同事一起研究制造原子弹的方法。

　　爱因斯坦于1955年在普林斯顿去世，他是全人类心中智慧和天赋的代表。他举世闻名，甚至在今天，当人们遇到一些很难理解的概念，想要为自己开脱时，都会说："我又不是爱因斯坦！"

拉斯洛·约瑟夫·比罗

Love and Respect

## 小天才

"拉斯洛，快过来。我给你看样东西。"

"乔治，我现在很忙！"

"快过来，快点！"

今天哥哥不停地使唤我。开始，他是为了从妈妈的储物柜里偷柠檬，后来是想借我的小刀削一块木头，现在又要给我看一样东西。唉，太烦了！

"来了。"

"快看！我成功了！这东西是为你量身打造的。"他得意扬扬地递给我一张白纸。

"你叫我来就是为了给我这个？"

"这看起来只是一张纸，但你可瞧好了！"哥哥把那张纸凑到点燃的蜡烛旁。烛光的热量为纸染上了色彩，纸上突然浮现出一行字："嗨！斑斑！"

"哇！真的假的？这也太神奇了！不过你也可以写点好话吧，我真的很讨厌那个外号！"我的老师管我叫"斑斑"，因为我的作业里总有一团团的墨斑。

"真的太疯狂了，这是神笔吗？不需要笔和墨水就能写字。以后都能这样写字该多好！世界上就不会有墨迹斑斑的纸了。"我开始幻想起来，哥哥却毫不留情地打断了我的白日梦："我想用这种墨水给艾格尼斯写信表白！"

"你就不能直接说给她听吗？"我质疑道。

"彼得会揍我的！你知道他一直喜欢艾格尼斯。"

我真不知道哥哥的脑子里装了些什么。

"我还要准备些弹珠。"他继续说。

我更疑惑了，我想跟上他的思考节奏，但实在想不出来，他要魔法墨水和弹珠做什么。

"爱情那些事儿，你一窍不通！我要挑战彼得！过段时间，我们在广场上当着众人来场比赛，你和我一起挑战他和他哥哥。我们设计个场地，有土坡和水坑的那种。你和他哥哥当裁判，数击球次数，注意看弹珠轨迹。这样双方都没办法作弊。只有赢了比赛的人才能做艾格尼斯的男朋友。我赢了就用隐形墨水表白，让她做我女朋友。"

乔治快步走向广场，包里装着他的宝贝弹珠、铲子和其他用来准备赛道的工具。当然，还有在烛光旁才能显形的秘密情书。

彼得已经在广场上了，他的哥哥个子很高。比赛开始了，现场有很多别的孩子来观赛，艾格尼斯和她的朋友们也在。比赛公平公正，双方弹射都十分精准。我哥哥很厉害，可彼得也不落下风。

弹珠到了拐弯处，赛程过半，彼得仍然领先。

"漂亮！"我忍不住喊出声。哥哥给出完美一击，弹珠一步便越过护城河。

终点近在眼前。

小天才

双方胜负难分。

现在，过了水坑就是终点，这摊水给比赛增加了不小的难度，选手需要准确估计弹击力度和弹射轨迹。现在由彼得开球。他这一击十分精准，弹珠完美地滚出水坑，抵达无水区域的窄道，一直向前，无人可挡，直至越过终点。

轮到乔治了。他的手在颤抖。"加油！"弹珠弹出的那一瞬间，我忍不住喊出声来。乔治的这一击很有力，特别有力。弹珠弹起，然后"嘭"一下落入了水潭，但球还没有停下。我瞪大了眼睛，想看得更清楚些。出了水潭之后，球继续滚动，势不可当。所有人都屏住了呼吸。"不要啊！"珠子在距离终点一指远时停了下来。离胜利只差那一指的距离。我入神地盯着弹珠留下的短短水迹，心想，这一幕我一辈子都忘不了。水迹是那么完美、干净，没有一丝的偏倚……总有一天我会想到方法，在生活里重现这条完美的直线。

彼得在广场上高兴得跳了起来，他被喜悦冲昏了头脑，都没有注意到艾格尼斯正向我们走来，她看着我的哥哥说："我可以和你们一起玩吗？我讨厌彼得那样的自大鬼。"

哥哥的脸红得快烧起来了。"当然！"我替他回答。或许哥哥不再需要那封躺在包底的情书，因为艾格尼斯看着他，眼里有藏不住的喜欢。

而彼得拿着弹珠，形单影只。

# 拉斯洛·约瑟夫·比罗

(1899 年,布达佩斯——1985 年,布宜诺斯艾利斯)

拉斯洛·约瑟夫·比罗是匈牙利记者,也是发明家。他最有名的发明是"Biro 圆珠笔",世界上最受欢迎的圆珠笔,这一天才发明的灵感来源十分有趣!一天,比罗看一群孩子在路上打弹珠时,突然发现:小球穿过水潭后,会留下漂亮的细长水迹。由于钢笔笔尖漏墨总是弄脏手,比罗很受困扰。他灵机一动,想到了一个解决方法:为什么不用速干笔的墨水代替钢笔的墨水,并在笔尖装置小金属球,使笔出墨更加均匀呢?

比罗说做就做,从此一直致力于推广这项发明。

可惜,这项事业进行得并不顺利。当时正值第二次世界大战,他和他的家人被迫逃往阿根廷。

1943 年,他申请了这项专利,但由于优化技术、降低产品成本需要的投入过高,迫于无奈,比罗将这项发明的专利权转让给了一位富商——马塞尔·比克。比克推出了闻名世界的"BIC 圆珠笔",并进行了商品化生产。

阿梅莉亚·玛丽·埃尔哈特

Love and Respect

## 小天才

"唰啦——"天呐,又来!我赶紧冲向卧室的窗口,却还是迟了一步。"哦,不!该死的鸟!"那臭烘烘的"炮弹"已炸得四处飞溅,看来今天我又得好好清理这份"礼物"了。这只鸟一直把我的阳台当厕所,我可不想一整个夏天都在清理鸟粪中度过。这回我发誓,明天一定要抓到它!我要让它再也不敢靠近这里!

奶奶喊我去把阳台打扫干净。好烦!给妈妈写信时,我也说过这件事,而她只会反复叮嘱我一句话:"听奶奶的话!"可以的话,我真想马上飞到她身边,但要等到圣诞节她才能回来。工作什么的真是太讨厌了!如果爸爸妈妈在家,或许我就不用不停地打扫阳台了。

我想到了一个计划,但需要找爷爷帮忙。

我向他介绍了自己的想法:做一个笼子,把笼顶打开,这样就能捉住那只鸟了。他只问了我一个问题:"如果你的办法管用,那等它撞进圈套以后,你打算拿它怎么办?"我不得不承认,我压根儿没考虑过这个问题。凭良心讲,我一点都不想养鸟。因此,我决定去问问那个旅行家邻居,看他能不能把这只鸟带走。我不太清楚他做什么工作,但我知道他每周都要走很远的路。"可以等他到了很远的地方时,再把鸟放了。"在我看来,这主意简直再好不过:我不会因为害死一个小生命而下地狱，我的阳台也不会再遭殃。爷爷认真地听了我的提议后，走进储物室，找出了几块木板、一大张金属网和一堆工具。现在成品已经被放在了阳台上，我们还在屋里放了个大水盆和一个装了玉米的碗。万事俱备，只等鸟来。

"扑通！"我悄无声息地来到窗边，这回那只鸟的"炮弹"应该落进水盆里了。这样一来，最起码我不用去清理它。我慢慢将头探出窗外，心想那只讨厌的鸟肯定飞走了，结果却发现它还在那儿。之后，它振翅而起，飞向了天空。在那短短一瞬间，我看清了它的样子：一只平平无奇的鸽子。我从没想过，一只鸽子竟能飞得这么快！

第二天又是"扑通"一声！它似乎喜欢上了往那碗水里"扔炸弹"。我已经不怎么讨厌这只鸽子了。这回它还多逗留了一会儿，吃了颗玉米粒。

现在，它在自己的小笼子中待的时间更长了，好像彻底爱上了这个地方。我心想，是时候试着把笼顶关上了。三天后，约翰先生要动身前往堪萨斯州北部的一个城市，刚好可以把我的鸽子一并带走。这样一来，"扑通"是少了，不过收拾残局也足以让我头大。我和它即将分道扬镳。养鸽子的感觉不赖，即使这段时光很短暂。

"咔嗒。"使命完成！我把笼门牢牢地扣好，这只鸽子已彻底落入圈套。老实说，它看起来没有认命，有几次试图飞出来，发现这样根本逃不出去之后，才只得在笼中老实待着。和它告别后，我把它交给了约翰先生。我有些不舍，但这点不舍还不

## 小天才

足以让我改变主意。

"唰啦——"听到动静,我连忙冲到窗边。太难以置信了,从邻居带走它的那天算起,已经过去十天了。邻居本人也已经回来了一段时间,还帮我们一起把笼子重新安在了牛棚里。然而那只鸽子就在窗外,站在栏杆上,它滴溜溜地转着小眼睛,仿佛在对我说:"你看,我回来啦。"哦,不!事情不该这样发展!肯定是因为我们把它带得不够远。我得全部从头来过。

"咔嗒。"它又中招了。

这一次,约翰将它带去了科罗拉多。我终于落得清静,永别了,小鸽子!

"扑通。""爷爷,爷爷!你快来!这只鸽子又回来了!"它不可能回得来,那个地方明明很远。清理阳台的时候,我几乎没有半点儿不情愿。这些天以来,我都会下意识地往窗外看,或许我一直在等它回来。天啊,谁能想到呢,我竟然会对一只鸽子这么上心。我重新安好笼子,经历了十次"扑通"和两次"唰啦",在"咔嗒"声响起后,它再一次被关进了笼子里。当我们把笼子交给约翰先生,让他带去新墨西哥州时,我有点难过,它再也不可能回来了。

然而,"扑通"声再一次响起。

这只鸽子简直是个旅行家!我完全没

想过它还能回来。我迫不及待地想让爸爸妈妈也见识见识，到时候他们一定不敢相信自己的眼睛。我想到了个主意：我的爸爸妈妈住在艾奥瓦州，我要训练我的小鸽子，好让它能顺利地从艾奥瓦州飞回家。这会是一段了不起的旅程，之前没有任何一只鸽子完成过。我觉得这件事可行，没准儿还能上报纸。

这只鸽子意识到我们是好朋友了，所以再也没有"唰啦"，没有"扑通"，它换了个地方解决这些需求。

我应该给它起个名字，但仍没想到一个合我心意的。

"扑通"，这久违的声响将我从睡梦中惊醒。一定发生了什么奇怪的事。我冲到阳台，却什么都没发现。我又朝上看去，瞬间就明白了一切：我看见鸟巢里冒出了两个小脑袋瓜！原来那是一只雌鸽子，它会作为一只雌性完成一段史无前例的漫长旅程。况且，现在它又多了个不远千里飞回家的理由。

## 阿梅莉亚·玛丽·埃尔哈特

(1897年，堪萨斯州艾奇逊县—1937年，太平洋)

阿梅莉亚是一位美国女飞行员。她早年是位护士，第一次世界大战期间，她在加拿大的一家军事医院工作。战后她回到了美国，那是她人生中第一次乘坐双翼飞机。她被此深深吸引，于是开始学习飞行。一年后，她创下了自己的首个飞行高度世界纪录。她是第一个成功飞越大西洋的女性，这项创举使她闻名于世。当时，她还创下了飞行海拔高度（距地面的高度）和飞行持续时间（从一地到另一地的不间断飞行时间）的新纪录。由于她的才能，媒体亲切地称她为"林德女士"（以向著名飞行员查尔斯·林德伯格致敬）。使阿梅莉亚成为一代神话的，还是她离奇的失踪。1937年，在副驾驶员的陪伴下，她开始了自己筹备多时的壮举——沿着漫长曲折的航线进行环球飞行。到了最后关头，她只要越过太平洋就能完成这项壮举时，却连人带飞机一起消失。根本没人知道发生了什么。尽管政府立刻展开了搜救工作，但仍一无所获。最有可能的说法是，她的飞机坠入了太平洋，但她的神秘失踪激发了一众导演、歌手及作家的灵感，他们以她为原型，创作了许多佳作。

艾萨克·牛顿

Love and Respect

# 小天才

我有一个问题和一个愿望,而且已经想了好些日子。

这个问题是:为什么月亮挂在天上不会掉下来呢?

而我的愿望是:如果有一天,月亮也决定要掉下来,就像其他东西那样的话,我希望那会是我妈妈和异父异母的兄弟们搬过来和我一起住的那天,因为那时妈妈还会在我身边。你可能会觉得我是个坏孩子,但我并不是!如果你真这么觉得,好吧,那我也不在乎。我一点儿都不关心别人怎么看我。

在我出生前三个月,我的父亲去世了。过了三年,我的妈妈改嫁给一个比她老得多的人。只需要彼此看一眼,我和对方就知道我们没办法和睦共处。所以,我和爷爷奶奶住在一起,而妈妈就和他生活在一起。

这就是我的童年。你知道最让我难受的是什么吗?那个男人竟然有胡子!我本来能忘记所有东西,但那些胡子,却变成了我最痛苦的记忆。

只要一个有胡子的人从我身边经过,我鼻子就会发痒。不知道到底有没有医生能治好我!

无论如何,现在那个老男人死了,不久之后,妈妈和几个异父异母的兄弟就要和我生活在一起。但是,我不认识他们。我已经迫不及待了,想给他们搞一个难忘的欢迎仪式,时间紧迫,我一分钟都不能耽搁。

我要研究大自然，让它成为我的帮手，我要利用已经发生的一些现象，让这一切看起来不像是场复仇。我不能用去年做的那把好用的弹弓，因为这样一来，别人马上就能知道是我干的！

我需要集中注意力，呼吸点儿新鲜空气，最重要的是身边不能有别人。我打算就在一棵高大的苹果树下躺着，等着灵光乍现。

也许我可以用镜子反射阳光，刺瞎新来者的双眼。我注意到光还可以变成火。这个点子不错！

我也可以和他们比一比，看谁能解出算术难题。赢的人留下来，输的人就挥手拜拜。这个主意妙极了！但是，我知道，妈妈是不会同意我这么做的。

我太焦躁了……我怕他的孩子生来就有胡子，对此我深信不疑。他们可能有些黑色的小胡子，这是件没人会注意到的小事，但却会害得我从早到晚一直打喷嚏。这样一来，我就做不了木工了，因为每打一个喷嚏，我都可能会切到手。万一妈妈也长胡子了怎么办？天啊，我要疯了。老

## 小天才

天爷快快显灵，改变我的命运吧！

啊！这显的是什么灵？刚才一个大苹果砸到了我的脑袋。我感觉头上正在鼓起一个包。没错，就差这个苹果了！我在河边架起了渔网竿，当我准备全力把苹果扔进池塘的时候，我看见一条大鱼正在离岸边不远的浅水处游来游去。我从来没见过这么大的鱼。于是，我一手抓紧了鱼竿，一手牢牢地握住苹果，深吸了一口气，瞄准目标，发射！完美命中！苹果砸中了鱼的脑袋。大鱼跃出了水面，接着又掉了下去，肚子朝上，任由水流推着它前进。我马上走到河边，用渔网在河沙里抓到了它。我从来都没有抓到过这么肥的鱼，鱼竿都弯了。我把鱼倒在地上，阿嚏！我，阿嚏，不敢，阿嚏，相信！它是条鲶鱼！我感觉眼睛里马上充满了泪水。阿嚏！我把它拿到面前，看着它像玻璃球一样的眼睛。阿嚏！它的胡须碰到了我的脸，啊啊啊……我竟然没有打出那个喷嚏。我手里拿着我的死对头，呆呆地站在那里，看着眼前的胡须。我第一次觉得自己变强了。但是，那条鱼突然从我手里滑了下去，掉在地上。我看着它的胡子，居然没打喷嚏，真是个奇迹啊！

我又用网把鱼扔回了水里。"扑通！"它从水中跳了出来，向世界上最厉害的小朋友弯了弯胡须。我摸了一下头上的肿块，觉得今天的确是个重要的日子，因为我发现自己能克服对任何类型胡须的恐惧。那怎么欢迎我的兄弟呢？好吧，我可能会开心地把他们带到苹果树下玩耍。没有人会因为他们被苹果砸出肿块而责怪我，反正我知道苹果是肯定会掉下来的。

# 艾萨克·牛顿

（1643年，林肯郡乡伍尔索普庄园—1727年，伦敦）

艾萨克·牛顿是一位英国物理学家和数学家。他从小就展现出过人的学习天赋，而且他还会用木头制作模型来辅助实验。在牛顿出生前，他的父亲就去世了，随后母亲改嫁，组成了一个新的家庭。可能正因为如此，牛顿不爱交流，性格古怪。他最大的成就便是创立了现代科学理论。

他认真地观察着现实世界，通过研究各种物理现象来探索世界运行的规律。据说，他最重要的发现是在花园的一棵苹果树下获得的。牛顿注意到，所有的果子都像被一种无形的力量所吸引，以一种线性轨道掉落在地。因此他提出，每一个有重量的物体都会吸引其他有重量的物体，就像地面吸引苹果一样。这些物体靠得越近，引力也就越大。此外，他还认为，有一种相似的力支配着宇宙中星球的万有引力。他的一些观点最近才被推翻，而三百年后的今天，人们都还在研究他提出的绝大多数理论！这就说明，牛顿是个不折不扣的天才，因为当时的他仅仅使用有限的工具，就能发现如今我们用更加精密的科学仪器才能发现的事物。

他去世时已年过八旬，以一名出色的科学家流芳百世。不管他涉足哪门学科，都能有新的发现，总结出新的规律。

丽塔·莱维·蒙塔尔奇尼

LOVE and RESPECT

小天才

正当我在公园的喷泉旁看书看得入迷时,我听到了哥哥的声音。

"丽塔,别看了。来和我玩嘛!"同一句话,我哥哥至少说了十次!但我头都没抬一下……

"丽塔?快来吧,我准备了一个礼物给你!"

"我还差十页就看完了,马上就来!我发誓!"显而易见,我撒了个谎,但是我真的需要多争取几分钟。

"扑通!"听到这个声音,我觉得一定是公园里某个男孩把石头扔进了水里。但是当我转过身去,却看到了不可思议的一幕。"吉洛,快来。"这次是我朝他大喊了。

"终于!你终于决定不看书了。快来快来,我给你……"

"吉洛,快来!快来看啊!"

我们并肩站在一起,看见一只无敌大的甲虫在水里绝望地挣扎,努力不让自己沉下去。它的触角也超级长!

看见这个场景,我就想起哥哥在菜园里看见一只一模一样的虫子时的反应:他像个疯子一样高声尖叫,所有人都跑去看他是不是出了什么事。"吉洛,男人才不会因为一只虫子而鬼哭狼嚎!"我父亲批评道。

我的姐姐安娜,当时正在和他一起玩耍,但她好像对那只恐怖的虫子一点儿兴趣也没有。父亲说:"你看看安娜,她都没大喊大叫。"但是就在这时,安娜吓得晕了过去。于是我哥哥一下子舒了一口气,擤了擤鼻涕,稍微放松地看了父亲一眼。我和我的双胞胎姐妹宝拉见到这一幕后放声大笑,直到被批评,我们才收敛起来。

但是,那只在喷泉里挣扎的甲虫更可怕!而且它正在一点一点地沉下去。

我带了一个盒子,里面装有加餐吃的草莓。我猛塞了些到嘴巴里,让哥哥把剩下的吃了。然后,我做了一件从未想过的荒唐事:我脱掉鞋袜,走进了喷泉里。"把你的手给我。"我对哥哥说,他也这么做了。

"好漂亮啊!"我感叹道,靠近看,我更喜欢这只甲虫了。

吉洛满脸疑问地看着我,就像我在对他说外语一样。

"你怎么能觉得它好看呢?我觉得它是我见过的最可怕的生物!"

"算了吧,吉洛,你没看见吗?它马上就要淹死了,我们得救救它!"

"我压根儿就没想过要救它!我是永远不会靠近这个鬼东西的!"他突然猛地把手松开,害我差点掉进水里。

"吉洛,求求你了!我需要你的帮助,它也需要你!"

"它是谁?"

"甲虫。"

"丽塔,你知道你这个人真的很奇怪吗?我总是尽力去满足你疯狂的要求,但这仅仅是因为你是我妹妹!可是这次不可能了。你太过分了！而且你也没有把我的话听进去：我叫你来看一个东西都叫了半小时了……"

"我发誓，如果你现在帮我，我就和你走，而且我再也不会整天看书了！"吉洛挠了挠金色的头发，独自琢磨着。我应该说服他了吧。

"用你亲爱的甲虫发誓。"

"你想让我用什么发誓，我就用什么发誓。甚至，我也可以用我正在孵化的鸡蛋发誓。"我胜券在握地对他说。

"你在孵鸡蛋？！这挺不错啊！我就说你是个怪胎吧！"

"我给你解释一下：我做了一个孵化器，用灯为鸡蛋提供一个恒温环境，因为我想知道在没有母鸡孵化的情况下，小鸡还能不能破壳而出。我总是得向你解释所有东西。我告诉你，这个只是为了表明我是用一个我非常在乎的东西向你发誓。那现在你愿意给我搭把手吗？甲虫就要沉下去了！"

在哥哥的帮助下，我伸手够到了喷泉顶，再晚一点儿可就来不及了。我把手臂放在水里，然后用盒子把它舀起来。任务完成！

"丽塔，别急！我牵不住你了！"吉洛差点儿掉进水里。

"万岁！我们成功了！"我湿漉漉地从水里出来，把甲虫倒在了小长凳上。我离它很近，鼻子几乎蹭到它了。

"离远点儿，危险！"

"嘘！我觉得我再也不可能如此近距离地观察同样的东西了。"

"谢天谢地！我连远远地看它一眼都不想！"

突然，这只甲虫开始振动翅膀，我有点儿害怕，但还是没有走开，因为吉洛就站在我身后。没过一会儿，它就飞起来了。我们看着甲虫渐渐飞远。

"吉洛，我们真的好棒！现在告诉我吧，你之前想给我看什么？"

"啊，我不记得了，我们去跳绳吧，怎么样？"我哥哥就是这样健忘。

"当然可以啊！"对我来说，和兄弟姐妹一起度过的时间总是很珍贵！向草地走去时，我们经过了最喜欢的松树，我突然注意到我自己的、我姐妹安娜和宝拉的，还有我哥哥的名字首字母被刻在了老树皮上，而且都在一颗爱心里。

吉洛告诉我："啊，这就是我想让你看的东西！我刚弄完不久你就让我去救甲虫，害我分心，完全把这事儿抛在脑后了……"

"吉洛，你真是世界上最好的哥哥！"

# 丽塔·莱维·蒙塔尔奇尼

（1909 年，都灵—2012 年，罗马）

丽塔·莱维·蒙塔尔奇尼是一位神经科医生，是研究神经系统的学者，她完成了世界级的重大发现，并因此家喻户晓。

她出生于意大利都灵的一个犹太家庭，父母分别是工程师和画家，她有三个兄弟姐妹：哥哥路易吉（也叫作吉洛）、姐妹安娜和宝拉。尽管在那个年代，医学领域还完全是男人的天下，但在 1936 年，丽塔仍以满分毕业。不过，意大利在 20 世纪 30 年代颁布了种族法案，她不得不移居比利时，在那里继续进行研究工作。

对于丽塔而言，创造力和直觉是工作中不可或缺的两个因素。20 世纪 40 年代回到意大利之后，丽塔在都灵大学教书。她在研究领域声名鹊起，后来还被邀请到美国推动其神经系统研究的发展。

在 20 世纪 50 年代，丽塔有了人生中最重要的发现：她成功地分离了一个特殊的蛋白质，简称为 NGF（神经生长因子），主要功能是促进神经系统的发育，在治疗突发性硬化等一些重大疾病中也起着关键作用。丽塔在 1986 年获得诺贝尔生理学或医学奖。

路德维希·凡·贝多芬

Love and Respect

## 小天才

我妈妈笑的时候特别好看,但是她也非常爱哭。有一天,她甚至边削土豆皮边哭!可是只有洋葱才会让人流眼泪啊,最多在削土豆皮划伤手时,人们才会哭。但是她的手并没有受伤,她只是在那里哭泣。我试着逗她笑,但是事与愿违。

我爸爸从来不哭!他坚信能把我培养成一个伟大的钢琴家,甚至想让我闻名世界。但老实说,成不成为钢琴家对我来说都无所谓,但他却始终固执己见,没有商量的余地。他觉得我天赋异禀,而且一旦我试图违抗他的想法,他就会让我闭嘴,说我什么都不懂!我真的不明白这件事!

"路德维希!路德维希!你听到了吗?我已经叫你两次了!不要让我的朋友们等太久!"他低沉有力的声音震得我耳朵嗡嗡响。现在才几点啊?我讨厌别人半夜把我叫醒。"爸爸,现在很晚了!"

"快点起来!"他又冲我吼了一句。于是,我睡眼惺忪地走到他面前。

"你这穿的是什么啊?你想让别人看见你这副样子吗?"

"爸爸,我穿的是睡衣!毕竟你也知道,我刚才在睡觉!"我有点儿不耐烦地回答他。但是,我马上就冷静下来了,毕竟他始终都是我爸爸。

"那你现在去换衣服!快点儿!我们都想听你弹琴呢!"

"我不喜欢在你的朋友面前弹琴。他们太吵了,会扰乱我的节奏!"

"他们吵吗?你什么时候学会抱怨了?"他笑着打趣道。

我真的很想告诉他,他的朋友是帮酒鬼。但我什么都没说,因为我知道,一旦他决定了一件事,就没有办法让他改变主意。"好吧!"

我们家并不大,从我的床到钢琴只有37步的距离。我在眼睛上拍了点儿水,然后坐在琴凳上,可是没有任何人注意到我,连我父亲都没有。他正给客人倒新开的酒呢!

于是,我用手指重重地按下音最高的琴键,我的观众立马就注意到我了。

"路德维希,你想把我们震聋吗?快点儿,让我们看看你的本事。"

如果可以,我真的想教训一下你们!你们真应该听听指甲在黑板上刮擦,叉子在盘子上滑过的声音。我本来应该呼呼大睡,享用我美梦里的

小天才

奶油蛋糕，而不是给这些人弹琴！一想到这个，我就火大。我太生气了，以至于我一弹奏，手指就停不下来。同时，我也突发奇想，想穿插着弹几个最刺耳的音来让他们油腻的胡须炸开。现在，所有人都安静了！

但是，我父亲突然站了起来，开始向他旁边的人吼道："别用那种眼神看我！蠢货！"

另一个人回击道："混账！你以为你是谁啊？"

呃……我感觉气氛开始变得紧张起来，但是我早就习惯了。我每弹完一行谱，周围就会骚动一下：扔在地上的椅子，推搡冲撞的辱骂声，碎玻璃片中混杂着他们的嚷叫，简直是世界末日！我只是担心我妈妈，她肯定察觉到了这鸡飞狗跳的场面，一想到这儿，我就很难过。我一边弹琴，一边不受控制地流泪。可能妈妈的悲伤传染给我了吧。

不，我得坚持！我可是个坚强的小男孩，一个有天赋的小朋友！

在我弹到最精彩的部分时，我想起爸爸为了惩罚我而把我关在酒窖小黑屋的场景，我那时多害怕啊！这种感觉很快就从我的脑袋传到了我的手上，而我又通过音符把它传到了那些"流氓观众"身上。我成功地打动了他们，我的音乐让所有人神魂颠倒。现在他们都冷静了下来，沉醉在我演奏的钢琴曲中。

我往周围看了看，之后我竟然笑了！边弹边笑！而且还笑得越来越大声！这对于一个在凌晨三点起来，被迫弹琴的 9 岁孩子来说尤为奇怪。后来我父亲也大笑起来，紧接着他的邻座也笑了，接下来他们一个接一个地大笑起来。我听到我身后的所有人，都用一种我从没听过的方式大笑。"路德维希！路德维希！路德维希！"他们笑完了之后又齐声高喊我的名字。我觉得是时候结束了。弹完曲子，我站起身，拿起我能找到的第一个玻璃杯……我周围一片混乱，所以找到一个完整的玻璃杯还真不容易！我举起酒杯点头示意，这时周围一片安静，所有人都疑惑地看着我。接下来，我突然听到了"咣当咣当"硬币掉到地上的声音，所有人都争先恐后地扔硬币！一个，两个，三个……简直让人不敢相信！

总之，事情还不算那么糟糕，毕竟我还赚了点儿零花钱。但最让我开心的是，我知道了自己有超能力，一种我以前都不知道的能力！我的音乐，是一件应该和他人分享的礼物！但现在嘛，我要去睡觉了！

## 路德维希·凡·贝多芬

（1770 年，波恩—1827 年，维也纳）

贝多芬是伟大的作曲家和钢琴家之一。他出身卑贱，但却继承了父辈对音乐的热爱。他父亲很快就发现了儿子的音乐天赋，于是常常用严厉残酷的方式鞭策他走这条路。不幸的是，贝多芬在小时候听力就出现了问题，而且越来越严重，最后完全听不见了。但是，这个悲剧并没有阻碍他的音乐生涯。尽管失聪，他还是创作了许多欢快的乐曲，并在整个欧洲取得了不同凡响的成功。但是在别人看来，他却是个怪人。进入老年之后，他已经完全听不见了，却还是创作了许多难以演奏的高难度乐曲。其中，d 小调第九交响曲被视为由贝多芬创作的伟大的交响曲之一，也是世界上非常优秀的作品之一！

玛利亚·蒙台梭利

Love and Respect

小天才

一个月之后就是爸爸的生日了,我想准备点既特别又有创意的东西。我真的想搞点儿大场面出来,他就该这么过生日。

好了!我想到了一个好办法!之前我怎么没想到呢?我和妈妈要秘密地给他办一场派对,请好多重要人物到场。由于爸爸到了部里工作,我们一家搬到了罗马,我们可以把部长请来!只有一个小问题:怎么告诉他呢?肯定不能让爸爸把请柬拿给他,那样的话,爸爸就发现这个秘密了。妈妈肯定有办法!

"部长本人?你是这个意思吗?"她的反应和我想象中的有些不一样。

"是啊,妈妈,想要惊喜的话,那肯定不能请门房来吧。"我稍显失落地回答说,因为妈妈并没有马上赞同我的想法!

"亲爱的玛利亚,如果能请来门房的话,你爸爸也会很高兴的!他人很好,又有教养,可能更适合给你爸爸过生日!"

"那你告诉我怎么才能请到他呢?他一直都在那里啊,碰不见他都难,他肯定一听说就会来的,这也太容易了吧,妈妈。"

"那你是真的想请部长本人咯?"

"是啊,还要请他的夫人和孩子,这样我们就可以一起玩了。"

"那说说你的小脑袋瓜都想到了些什么吧,你打算怎么做呢?"

"我会给他写封信,再画一幅画。"妈妈笑了,我相信最后她一定会认真看待我的想法。我只需要努力把请柬做出来就好了。部长名叫阿戈斯蒂诺,我很喜欢这个名字。

坏消息来了:部长来不了了!妈妈陪我去了部里,我把请柬留给了门房。没有许可的话,任何人都不能进,我告诉他事情紧急,对方仍然不答应。但是他答应我,会亲手把信封交到部长手里。我感觉结果还不赖。我用很漂亮的字写下来关于派对的信息及开派对的地点。就在刚才,我收到了拒绝邀请的回复。

"妈妈,真讨厌,部长太烦人了,他拒绝了我的邀请。"

"玛利亚,你做得很好,但是部长有更重要的事情要考虑。"

"比爸爸的派对还重要?我可不信。"

"对于你我来说,派对确实很重要,但是部长不能随意安排自己的时间。"

"哎,真扫兴!我决定了,长大了一定不做部长。可现在呢,派对要办砸了。只有一个星期了,我还要学习……"我自言自语道,越来越消沉。

"玛利亚,振作起来!你能尝试一下已经很不错了,现在需要想一个B计划。"

### 小天才

"我想不出来了,妈妈!"我绝望地说,"他怎么就拒绝了呢!"

妈妈没有因为我的抱怨失去耐心,而是抱着我说:"为什么不去家后面的树林里转一转呢?新鲜空气可以让你的头脑变得清醒。你是个充满热情的孩子,肯定能想到些什么!"

我正一边走着,一边想如果部长突然出现在我面前,我该说些什么,这时我听见了"咚"的一声。

有东西掉进我家旁边的小河里了,我凑近了去看。

是栗子。我听到了小溪的潺潺流水声,心想,如果能把小溪、鸟儿的鸣叫和树叶的沙沙声送给爸爸该多好!这就是我想要的点子!我要送给爸爸一台美妙的音乐会!我会让每个来宾都发出一种声音。比如,我可以发出流水声和石子"咚咚"掉进去的声音。

我又开始走起来,这时我闻到了一股沁人心脾的芳香。我还可以在派对上搞一个小游戏,让爸爸闻各种气味猜物品。他的同事会带着孩子过来,他们都可以一起玩。这会很有意思的!

再往前走,我看见了一块柔软的绿色苔藓。我碰了碰它,手指陷了进去。我还可以把苔藓、树皮和石子带回家。如果能设计一个用到我们五感的游戏,那该多有创意!我们可以闭上眼睛,用手触摸着走一段。可以摸到硬的东西和软的东西,我喜欢这个点子!

我还可以用树叶作一幅画,让爸爸挂在自己的办公室。这样一来,他就每天都可以看到了。而且,如果部长从那里经过的话,他就能知道自己没来派对都错过了什么。

最后,我要做一个好吃的巧克力蛋糕。这会是个可以听、可以闻、可以触摸、可以看,还可以品尝的派对!我要把能用到的东西都收集起来,然后赶紧跑回家,因为要做的事情实在太多了!这会是个非常棒的派对,而且我决定了,我要邀请门房来参加!

## 玛利亚·蒙台梭利

（1870 年，奇亚拉瓦莱—1952 年，诺德韦克）

蒙台梭利是意大利第一批女性医学毕业生之一，她还是位非常著名的教育家，她发明的"蒙台梭利教育法"是一种享誉世界的儿童教育方法，今天仍然有很多学校都在运用这套方法。蒙台梭利认为，就算是很小的孩子，在他/她的成长过程中，父母都要帮助他/她"独立做事"。也就是说，每个小孩都完全有能力在没有爸爸妈妈的帮助下去完成某些日常的任务。小孩只需要学会用自己的五感和行动能力。

蒙台梭利还知道，每个孩子都是唯一且独特的，父母需要去了解孩子的强项和兴趣是什么，并且帮助他们更好地发展自己的强项和兴趣。

1907 年，蒙台梭利在罗马建成了第一所儿童之家，这是一所全新的学校，里面有各种游戏、花园和可以去探索的材料，所有的孩子在这里都感觉舒适，还能学到东西。后来她移居荷兰，1952 年在那里去世。

尤塞恩·博尔特

Love and Respect

# 小天才

我爸爸真是个催命鬼。这并不是说他坏话，我只是在陈述事实，就好像在说天空是蓝色的，牙买加是个岛一样。但是说到底，现在我之所以能对自己的生活如此满意，还是他的功劳。

我已经很长时间都要五点半起床了，这么早就被从床上抓起来真的很烦。全都是我表妹那个"长舌鬼"的错，她就是个"叛徒"。时至今日，虽然事情已经过去了很久，但我仍然在准备着复仇。

现在我来好好讲一讲几个月前发生的事情：最近一段时间里，巴勃罗教练总是让我做很无聊的训练。一种是跑一百米再休息一下，而另一种是跑一百米不休息，马上再跑一百米！所以我就不想训练了，一不做二不休，我干脆连课都不上了。那天下午，我和朋友们在游戏厅里玩儿，为了有钱玩游戏，我甚至连饭都没吃。晚上，我直接回到了家，根本没去跑步。因为拿游戏手柄太长时间，我的双手很疼。

但是纸是包不住火的，我那个话多的表妹说出了事实，爸爸发现了我的秘密。虽然我现在是冠军选手了，但在当时仍然逃不出他的手掌心。他用了出其不意的战术，我也不知道怎么回事，可就是逃不掉。除了卖咖啡，他当时还打橄榄球。在那之后，作为对我的惩罚，我必须每天和他一起在清晨起床，然后一直学到深夜，这样的日子我已经不记得有多久了。

感谢上天还发明了妈妈这个人。我爱我的妈妈,她真的很懂我。当看到我累的时候,为了不让我上学迟到,她会给我打个车。如果被爸爸知道的话,他现在还会生气。我也觉得对不起他,但是我真不是能吃苦的人。

不久前的一天早晨,教练把我叫到了操场上。他也很生气,为的就是让我改变!

"如果你不努力的话,跑得再快也没有用,你到底明不明白?"

"我会加油的,教练!"但是我心里面盘算的却是口袋里还有多少玩游戏的钱,"但是今天不行,我家里有事。"

"博尔特,你自己好好想想吧。你是个冠军苗子,但是需要你自己想当冠军。"

真烦,好像我身边所有的大人都想让我吃苦,除了妈妈,感谢上天!话说回来,我是学校里跑得最快的学生!我觉得这应该就够了。

但是有一天有人对我说:"你好,尤塞恩,我听说凯斯又把你给赢了。"这个声音来自乔,他是学校里最讨人厌的学生。他又高又帅,还打曲棍球。我有充分的理由往他鼻子上打一拳,不过目前我的处境比较微妙,还是不要再生事端了。

小天才

这个面色苍白的讨厌鬼仍然不依不饶:"扑通,这回你可跳了水了,恭喜你!我听到教练说比赛的事了,他说凯斯的肌肉可发达了,不像你是个软蛋!"

为了控制自己不发作,我用尽全力去想爸爸发怒的样子:"下次我会赢他的!"我对他喊道,"到时候你就等着擦我的奖牌吧!"

"是啊,是啊,下次我肯定亲眼来看你失败。你什么都不行!"他嘴上一点儿都不饶人。

我感觉一股无名怒火,那个人让我在一群人面前丢了脸。我胳膊上的肌肉紧绷得发痒,我已经很久没往家里抬水了,我感觉自己不再像以前那样有力。我家总算通了自来水,再也不用我去小溪边打水了。我很高,但是我觉得自己力气变小了。但是在那个时刻,就在那个讨厌鬼面前,我明白了一件重要的事情:想向乔复仇的话,我不该打坏他的鼻子!我只需要在下次比赛的时候赢过凯斯,然后把金牌拿到乔的眼前!我还有一年时间来训练!我没时间可以浪费了。那天刚上完课,我就跑去训练了。

"你不是有事吗?"教练问我。

"没事了,现在我唯一的任务就是打败凯斯,您来帮我吧!"

教练吃惊地看着我:"终于啊!从你的眼神可以看出来,这回你要来真的了!"

"这回我是最认真的!"我斩钉截铁地回答。

接下来,我开始每天训练,尤其是夏天的时候。有时候,我起得比爸爸还早。我看了很多重大比赛的录像，从里面学到了很多。所有人都惊讶地看着我的身体一天天变强。

大日子终于到了："乔，我只想让你看看这个。"说着我就把金牌在他的眼前晃了晃。凯斯已经是过去时了。之前所有的训练已经让我变得不可战胜。

啊，真开心啊！乔一句话都说不出来了。可能是因为，除了比他高，我现在还比他壮了。

我有了一个重大的发现：如果我能战胜最强的对手，这份胜利就会是永久的。凯斯已经不会让我害怕了，但是爸爸还能让我害怕，所以我还是老实点为妙。

## 尤塞恩·博尔特

（1986 年，特里洛尼）

  博尔特是一名牙买加田径运动员，也曾是奥运会短跑冠军。他出生在一个小村庄里，他的爸爸在他小时候就交给了他一个任务，每周从小溪边打水，倒进家里的储水桶里。这项训练让他成了一名真正的运动员。由于很小的时候就表现出了过人的运动天赋，他拿到了一个学校颁发的奖学金，这个学校注重体育训练，希望能培养出优秀的运动员。刚开始，博尔特希望成为一名曲棍球运动员，但是后来选择了短跑。他在各种赛事中所向披靡，先是进入国际级比赛，后来又参加了世界级比赛。2009 年，他打破了 100 米、200 米和 4×100 米的世界纪录。截至目前，他已经获得了十几个田径世锦赛和奥运会的奖牌。由于他过人的能力，他又被人称为"闪电博尔特"。

萨曼莎·克里斯托弗雷蒂

Love and Respect

## 小天才

从我家可以看到一片非常美丽的天空。满是星星的夜空是世界上最漂亮的画,而群山就是它的画框。我爱天空,天空既没有起点,也没有尽头。

上幼儿园的时候,我曾经对所有人说:"我想做一只小鸟,飞往天空,去触碰星星。"每次说到这件事,妈妈都会笑。"小鸟有翅膀,"她告诉我,"但也飞不到那么高的地方。星星太远了,没有小鸟能飞到上面去。"

"妈妈,小鸟在空中飞翔,星星也在空中,所以小鸟是能碰到星星的。"我不肯罢休,继续用我这些有点疯狂的理论换着法子地跟她讲道理。与此同时,我继续做着白日梦,梦想着近距离看到星星的那一天!

"你现在还小,但是总有一天,你会在学校里学到更多知识,你就会明白,星星确实是无法到达的!"她温柔地回答我,并不想毁掉一个小女孩的热情。

现在我上小学了,仍然没有妥协,我还是想到星星上面去!长大了我要做一名飞行员!

我家在马累,爸爸妈妈在这里开了一间旅馆,不过在每年来来往往的游客之中,还从来都没有人见过女飞行员,直到去年夏天,一位女飞行员来这里度假,住进了我家的旅馆。

"飞的时候是什么感觉?你穿过云层的时候会激动吗?晚上

飞在大洋上空的时候,你能看得见水面上倒映的月光吗?"我不断地缠着她问问题,对于我来说,她就像个神话。

"你这个小女孩的问题好多啊!我敢打赌,你长大了也会成为一名飞行员!"她这么对我说,我希望她是对的,希望我的愿望能够成真。

那次度假期间,她经常出去远足和攀岩,全都是一个人。"我要学会一个人待着,这是我一生中要克服的最大困难,但这也是值得的。当我飞上天之后,与天空的广阔以及身处天空的喜悦相比,一切都显得微不足道了。"

"你一直都是一个人吗?"我问她。

"我有个男朋友,他也和我一样喜欢飞行。有时候,我们能在机场遇见。有时候,我们一起爬山,就算不工作的时候,我们也一直在往高处走!真的太棒了!"

有件事让我很烦。每当我向小伙伴们说我长大了要飞上天做飞行员时,就会有人开始笑。"可你是个女孩啊!只有男的能当飞

## 小天才

行员。"

"不是这样的,"我回答说,"女人什么都可以做。我就认识一个女飞行员!"

"你骗人!你骗人!"

听到他们说我骗人,我气得眼前直冒金星。每当我的同学们说女生不能有和男生一样的梦想时我就生气,难道就因为我们是女生吗?

所以,就在几天前,我和布鲁诺比赛谁的纸热气球飞得更高,他是最讨厌的一个人。我在表姐生日派对上见过一个纸热气球。蛋糕上来之后,他们没有吹灭蜡烛,而是拿出了一个热气球,点燃了一根蜡烛之后让热气球飞了起来。

我对布鲁诺说:"我们来比赛吧。看看谁的纸热气球能飞得更高。我们都许个愿,赢的那个就能实现自己的愿望。"

天空万里无云。在我的想象中,我的热气球能飞到很高的地方,甚至能到太阳上去。这样的话,我的愿望就一定能实现了。

布鲁诺如约而至,还是那么盛气凌人,身边还有他的五个朋友,这是他的啦啦队。他们笑着看着我。

我们都带上了做好的热气球。我们点燃了蜡烛,然后看着热气球飞到了高处。我的热气球比布鲁诺的飞得快。"我赢啦!飞行执照已经被我收入囊中了。"我马上想到。然后过了几秒钟,布鲁诺的热气球也飞了上去。就在这时,我的热气球开始左右摇晃。突然"砰"的一声,热气球爆炸了,完全猝不及防,然后就掉进了河里。所有人都开始笑了起来。

"布鲁诺赢了,"所有人都叫了起来,"别说当飞行员了,你的纸热气球都飞不起来!"

我快要哭了,纸热气球的失败、那"砰"的一声,以及它落入水中的样子……我永远都当不了飞行员了!

然而,就在我的愿望如同我可怜的热气球一样坠入凡间时,我做了一个决定:如果不能开飞机的话,那我就要当航天员!我要飞到月球上去。所有人都忙着嘲笑我的这次失败,没有人意识到,那其实是我最大的一次胜利。现在我正双手合十看着天空,我对它说:"等着我,我早晚会上去!"

## 萨曼莎·克里斯托弗雷蒂

### （1977年，米兰）

萨曼莎是第一个进入太空的意大利女性！她从小时候开始，就对飞翔和天空充满了兴趣。她出生在米兰，但是生长在特伦托的一个小城——马累，她对那里的感情很深。她先后毕业于德国慕尼黑大学机械工程专业和那不勒斯大学航天科学专业。她参加过在美国得克萨斯州进行的欧洲-北约飞行员联合培养项目。2009年5月，萨曼莎作为队长进入欧洲航天局。她的第一次航天任务是在2012年，那次任务名为"未来"，她需要在太空轨道中待6个月！萨曼莎在3个不同的大洲进行了为期2年的训练。2014年11月23日，她从哈萨克斯坦拜科努尔航天中心乘坐联盟号飞船出发，在太空中停留了200天之后回到了家里。真是个纪录！在"未来"项目期间，萨曼莎进行了人体生理学实验和生物分析。2015年，她被任命为联合国儿童基金会形象大使。

圣女贞德

Love and Respect

## 小天才

"今天你的那个声音对你说了什么?"我的哥哥皮埃特总是这样开我玩笑,因为我有一个特殊的能力:我总是听到天上传来一个奇怪的声音和我说话。

"别笑我了,过来帮我剥豌豆!"我回答他,有些不耐烦。

"我怎么可能干那种活!都是妈妈们做这些事,只有女人才干这种活!"

皮埃特人不坏,他这么想只是因为他是男的。我最喜欢这个哥哥了,因为他总会和我待在一起,除非他朋友来了。

"我觉得雅克和吉恩在计划一些奇怪的事……"

"比如他们终于打算去洗澡了?"我笑着说,哥哥、弟弟的那些事儿我从不在意。

"让娜!我真的很担心!我从没有见过他们这么……这么……"

"这么脏?"我继续插嘴。

"别打断我!我是认真的。你记不记得山上那个废弃的房子?我知道一些孩子去了那儿,还看到雅克和其中一个孩子吵了起来。那个孩子当时在我们的地盘偷东西,被雅克当场捉住,他竟然直接威胁雅克!今早我看见雅克和吉恩在林子里找了些棍子,我怕……"

我脑子里灵光一闪,大声说道:"这就是那个声音想说的!"

"声音？但……"

"快！跑去找雅克和吉恩！快点！"当我可以命令别人，尤其是可以命令男性时，我就会很开心。

"但我监视了他们，他们肯定会生气的，而且我还告诉你了……"

"趁他们还没闯祸，快去！"我吼道，不给他时间反驳。

哥哥没有再反驳我，立刻跑去找他们。

不久，他带着另外两个人回来了。

"你想知道些什么？快点儿，我们有很重要的事要做。"他们一起回答，对我打断他们的计划有些不满。

"我知道你们在做什么！我想和你们一起去。声音告诉了我该怎么对付那群孩子。"

"又是声音的事。你真的疯了。以后别再提和上帝讲话的事了，这对你没好处，别人会以为你疯了。把你当作女巫，把你绑在柴堆上，烧死你！"

"你知道声音只做好事！它帮了我们很多。上帝与我们同在。"

"听听你都说了什么？你一个小女孩装成大人的样子谈起上帝……你想知道什么？"

"我只知道我要和你们待在一起，否则会发生不好的事。"

"他们人很多，还带着武器。你一个女孩子去太危险了！"雅克大声反驳我。我的兄弟们简直油水不进：他们不仅不信我的能力、嘲笑我，还因为我是个女孩而瞧不起我。

## 小天才

"你和吉恩加起来都没有我骑着马厉害,给我根棍子,我能把自己保护得很好。声音告诉我一件特别重要的事,我想见见这群坏蛋。"我说。

"他们在我们的地盘偷东西,我们阻止他们的时候,他们还威胁我们。战争随时能爆发,我们不能任由他们就这样拿走存粮。"

"拜托,就按照我说的做,去准备一篮水果和一挑水!"我声音高了个八度,想让他们听我的话。

"你真是疯了!而且我们不会听女人的命令的。"

"你们会听的!我有一个计划,而你们必须按我说的做。我发誓,如果这件事搞砸了,就证明我说的都是假话,我再也不提关于声音的事。永远不提。但拜托,现在听我的。"

兄弟们聚在一起商量很久。我的提议很诱人,他们很难拒绝。

天黑前,他们骑着马提着篮子到那里。我准备好了,向着声音祈祷,告诉他们我们的任务,手里拿着白旗等着他们。

"你拿着那面白旗准备去哪儿?我们又不是去投降。"

"安静,有说话的工夫倒不如去

洗洗脸、整理整理头发，你们看起来像两个土匪。白旗会保我们安全。"在努力说服他们的同时，我也催促自己快点儿赶路，因为我看到"敌人"在视线的尽头。我们在山脚停下。有一个"敌人"在那里看守，我靠近他，哥哥们拿着一篮水果跟在后面。我完完全全按照声音指示的那样，喊道："我们给房子里的那些人带了些水果。"然后让大一点儿的哥哥把那篮水果给他们。其余的孩子从房子走出来，有些人带着几根棍子。我更大声地重复："我们给房子里的那些人带了些水果。"

从门里走出来的是一个女人，怀里抱着一个很稚嫩的小女孩。女人给了离她最近的孩子一记重重的耳光，正是那个偷东西时被哥哥当场抓住的孩子。"你长教训了吗？他们给我们好好上了一课。"然后转向我们说："抱歉，我的孩子们表现得很没教养。他们想给小妹妹找些吃的。妹妹得了重病，我们为了躲避英国人离家出逃，现在我们一无所有。"我们走近她。房子又冷又潮湿。

我毫不犹豫地说："今晚你们可以来我们家睡，我的床给你们，至少在孩子病好前你们都可以留在我家。"这些都是我的心里话。女人吃惊地看着我，眼睛里盈满泪水。一滴泪顺着脸颊流下，沉入女人拿着的水壶中。"嘭"，只有我和女人听到了这水声。声音是对的……

# 圣女贞德

（1412年，多雷米—1431年，鲁昂）

圣女贞德也被称为"奥尔良少女"，法国民族英雄。在她大约13岁时，开始听到来自上天的声音："法兰西王国处于危难中，只能你去拯救。"她听从这些话，舍命抵抗英格兰入侵者，解放法兰西王国。

圣女贞德取得了查理七世的信任，他命令圣女贞德随远征军支援奥尔良城。这相当于把法兰西的命运交到这个小女孩手中。

圣女贞德穿上军装，为法兰西军队制定了严格的生活纪律准则：禁脏话、禁盗窃、禁暴力。士兵需每日祷告两次并做忏悔。圣女贞德以绝对的勇气和决心，带领军队击败敌人，夺回奥尔良城。但在1430年，她在战争中被俘，后因异端罪被判死刑。许多法兰西人爱戴她，为避免起义反对，当局寻找大量的证据证明她精神错乱。当局想让圣女贞德否认上帝与她交谈过，她拒绝了，于是在1431年，被烧死在火刑柱上。

因为圣女贞德解放法兰西的功绩，也因为她的话的真实性，查理七世重新审判，确立了圣女贞德的重要地位。1920年，教皇本笃十五世将她封圣，同年法国政府为她专门设立全国法定纪念日。

# 阿西西的圣方济各

Love and Respect

## 小天才

嗨，我叫圣方济各，不过我出生时，妈妈给我取名"乔瓦尼"，后来爸爸彼得决定给我改名为圣方济各，因为他是位能干的布料商，经常去国外出差，尤其经常去法国。我想，他肯定想让自己的客户知道他以客户为重，急客户之所需（我还要补充一点，其实是急客户的钱之所需）。妈妈坚持叫我乔瓦尼，尽管我不喜欢这个名字，但我能理解她为什么如此执着地这样叫我。

我住在阿西西一个很大的房子里，而且离主广场很近，我身边没有一个朋友住得离城中心这么近，而且没有人有这么大的房子。我们有一个巨大的仓库，爸爸把从世界各地来的布匹放在那里，那里是玩捉迷藏最好的地方，只不过不能让大人们发现我们在那里玩耍，不然爸爸会非常生气。博纳多是我最好的朋友，他是捉迷藏小能手，能把人从最隐秘的角落里找出来。

很多人来我们家买布料，爸爸让一切井井有条，他十分重视这一点，我正在学习做生意的那些事。如果我没有理解错，商人无非让某人买某些东西罢了。布料商人就要讲些不为人知的故事，给布料的颜色编一些诗情画意的名字，设计一些花里胡哨的服装用语，赋予每匹布料魔力。爸爸工作时，我就听着这些事，看他眼睛里闪烁着激情，他对自己正在做的事很有信心，把自己所有的精力投入工作。我想我永远都不可能像他那样厉害。

　　阿西西有个地方让我特别害怕，幸好那里离我家很远。那里住着一群"被诅咒的人"。妈妈告诉我那些人得了麻风病，只有穷人会得那种病，所幸这种病与我们无关。我不知道麻风病人该怎么活下去。我曾偶然看到一个烂脸的人。我那时怕极了，连忙跑开，我觉得肚子突然疼起来。我真庆幸我天生就不是穷人！爸爸说那些人危险极了，他们应该远离城市，永远都不要和那群人接触。他们遭受让人难以想象的痛苦，与世隔绝。我想着，他们整天都能做些什么呢？如果有孩子生病了，谁给他们治疗呢……

　　我们家的困扰恰恰相反，厨子常常抱怨储藏室太小，装不下所有的储备物。

　　直到有一天发生了一件事，让我不禁陷入思考。我们的仆人端面包上桌时，被绊了一下，"嘭"地摔倒了。陶罐子碎得四分五裂，所有的面包都掉在了地上。爸爸十分生气，让仆人把所有的面包都扔掉，再去买一些新的。出门玩耍时，我在厨房旁的院子里看见一个男孩，他是洗衣房里一个洗衣妇的儿子。他正吃着一块掉在地上本该扔掉的面包，而且看上去非常享受的样子。他看到我立马就逃走了。我去追他，但他跑得比我快很多。我看到他跑向"被诅咒的人"那边，但他不像得了麻风病的样子。我没有打退堂鼓，而是用尽全力喊他，但又不知道他的名字："小朋友？！小朋友？！"他像是聋了，只是向前跑。我看到他越过那条分隔我们和病人的水沟，可我筋疲力尽了。

小天才

"拜托你停下！我不是故意吓你的，我是你的朋友。"

听到最后一个词，他停了下来，转身面向我，是一个比我小一两岁的孩子。他把气喘匀，待在了水沟旁的石头上。

"关于面包那件事，我很抱歉，我不想吓到你的。"

他摆头示意我跟着他走，他的动作很轻，但确实是向我示意让我跟他走。

正准备动身时，我却突然想起父亲说过关于"被诅咒的人"

的事。那一瞬间，我动了回家的念头。

于是我用自以为最不让人反感的方式来拒绝他的邀请。我把手放进口袋，口袋里装着爸爸每天给我的几枚小硬币。我拿出一枚："给，这是给你的！"我没有靠近他，而是把硬币扔向了他。硬币恰好落入他脚下的水坑中。"嘭"。出乎意料地，这一声也击中了我的心。那个孩子盯着我的眼睛，盯了许久，我感到一阵不自在。

"我本来以为你和你爸爸不一样，我以为我们可以一起玩的。"他只留下这句话，就又跑开了，跑向更远的地方。

我捡起那枚硬币，坐在原地的一块石头上，手中来回交递那枚硬币。我想通了，用钱去收买别人的喜欢是不对的。从那天起，我决定不要做像父亲那样的人。我决定，我要找到和那个孩子做朋友的方法。

# 阿西西的圣方济各

（1182年，阿西西—1226年，阿西西）

圣方济各的父亲彼得是名能干的布料商，正因如此，他从小衣食无忧。又因他的家庭与法国有大量的生意往来，为了致敬法国，父亲给他取名为圣方济各。

这个小孩本可以继承父业，有着一帆风顺的人生。他的童年无忧无虑、生活富足。但在1202年，他参与了阿西西和佩鲁贾之间的战争，最终入狱并染上重病。

疾病和参战的经历深深触动了他，他决定换一种生活，全身心奉献于基督，致力于救助穷人、病患、麻风患者，将所有的财富用于救济乞丐和病患。

一天，他在圣达米亚诺教堂祷告时，似乎听到钉死在十字架上的耶稣请求他重建教堂。于是，他卖掉最贵重的布料，用赚来的钱修建教堂。他的父亲决定与他断绝父子关系，圣方济各彻底告别他过去的人生。

他用言语和自己的事迹感化更多的人，信徒们决定跟随他成为修士，为了来生而修行。1209年，"方济各"成立，而且至今仍在全世界活动。甚至一些女性参与他的布教，其中第一个参与且最出名的是一名年轻女孩——琪娅拉。

用雕塑和绘画表现、纪念耶稣的诞生，这一习俗便是圣方济各提出的，这也是耶稣诞生纪念作品的由来。如今，在筹备圣诞节时，人们仍会遵循这一传统习俗，在家里摆上耶稣诞生的纪念作品。

查理·卓别林

Love and Respect

# 小天才

"小宝贝,你准备好了吗?快点,我们要迟到了!"妈妈一边说,一边拿着一个满是粉末的刷子在脸上刷来刷去。我喜欢看她准备演出的过程。

"我不会把你一个人扔在这个发霉的房间里的,你能看到我唱歌跳舞,我今天就是为你而演的。"她高兴地说。

"你会演得很好的,妈妈!"我心里想。然后我们就出了门,朝着剧院走去。我之前从来都没进过妈妈工作的地方,那里到处都是烟,所有人都好奇地看着我。为什么我是唯一的5岁男孩呢?那里有很多衣着光鲜的男人,每个人手里都拿着一杯红酒。当妈妈经过的时候,他们就开始吹口哨。我不知道他们为什么这么做,不过妈妈好像并不以为意,抓紧了我的手,防止我在人群中走失。我们进了她的更衣室,那里刚好只能站下我们两个人。

"你站到幕布后面,这样就能看见我了,我会时不时地看你一眼的!"她紧紧地抱着我,我都快撞到纸板墙上了。然后她把门打开,我看见一个又矮又胖的男人上了台,用一个我没听说过的名字向观众介绍着妈妈:"大家请看,这就是莉莉!"妈妈上了台,向观众欠身致意。观众一边鼓掌一边叫着,然后妈妈就开始唱起了歌。

她首先唱了一首我经常听她唱的歌。她单足旋转了几圈,裙摆随着身体的旋转扬起，观众叫得更响了。我听不清妈妈唱的是什么，但是我早已把歌词记得烂熟于心。她唱得很好，她还唱了一首进行曲，让人听了就想跳起来。"加油，妈妈！"我对她叫道，她回过头来对我笑了笑。不过突然之间，发生了一个事故。她美丽的嗓音突然变得就像母鸡叫一样，非常刺耳。是她新设计出来的小环节吗？可是观众们好像并不买账。她继续唱着，但是声音越来越奇怪了，听起来完全不是妈妈原本的声音。现在所有人都笑起来了。有人开始吹起了口哨。"呸！""别唱了！""下去吧！""下台！下台！下台！"

那位胖先生红着脸回到了台上。"不好意思！"他对观众说，他想要让这些人安静下来，"可能这位女士今天吃了什么坏东西！"然后转身对妈妈说，"你还想用这种噪声继续折磨我们吗？"他怎么这么大胆！那可是我的妈妈！我真想把他踢下去！妈妈对着观众说了一句"抱歉"，然后又欠了一下身子。主持人把她带到了幕后。我甚至还有点儿高兴，因为妈妈演完我们就可以回家了。但是当那个男人的目光与我交汇的那一刻，他的眼中发出了一种奇特的光芒，"你好小男孩，那天晚上你和你妈妈的朋友们排练的时候我看见了，你很有天赋，今天晚上你想试着表演一下吗？"

这位先生满怀期盼地等着我肯定的答复。妈妈本来因为演砸了而一脸愁容，但是看我的时候眼里充满了骄傲。我感到身体里燃起了一团火，然后做出了一个非常奇怪的举动，我把手伸向了主持人，点了点头。我上台了，突然之间场内鸦雀无声。

## 小天才

"女士们,先生们,我很高兴为你们介绍一位天赋异禀的小天才,你们肯定都听说过他的名字——查理·卓别林!"

所有人都开始鼓掌。我的双腿直发抖,好像还有点尿了出来。一道刺眼的光线直接打到了我的眼睛上,然后我就开始唱起了一首妈妈教我的歌曲。乐队的人开始奏乐。我喜欢跟着音乐唱歌,我提高了音量,还开始在舞台上前后走动起来。我已经唱到了一半,现在我不再害怕了。现在我一边唱一边看着观众,突然"砰"的一声,我听见有东西掉在了地板上,然后又是一下,"叮",随后哗啦啦地全是"叮"的声音。

观众们向台上扔了好多钱,真的难以置信。我开始捡地上的钱,一枚,两枚……十枚,足足有二十枚硬币!

"女士们,先生们,我会接着唱歌,但是请允许我先把钱捡了。你们还会扔钱吗?"我对观众们说,他们都在求我再唱一首。我听到了一阵巨大的哄笑声,我吓得摔倒在了地上。

他们笑得更大声了。然后我看见主持人也拿着一个手帕开始捡起了钱，我就盯着他看了起来。"真是一秒钟都不能分心，要不然别人就把你的钱给偷了。"我对着观众大叫，然后挤了挤眼睛。他赶忙把钱都给了妈妈，我就说："现在我可以继续唱了。"所有人都鼓起了掌。我一点儿也不害羞地继续唱，我还和那些看着我的观众们交谈，跳了舞，最后开始做起了模仿。我模仿主持人捡钱的样子，又模仿了妈妈唱歌，一不做二不休，我又模仿了她唱破音的声音。观众们大笑得直鼓掌。越来越多的钱扔了上来。妈妈上台挽起了我的手，我们一起谢幕致意。我不用过于谦虚，我真的是当笑星的材料。我会努力用好这个天赋的。

## 查理·卓别林

(1889年,伦敦—1977年,沃韦上科尔西耶)

查理·卓别林是英国演员和导演。他拍摄的电影超过90部,其中不少都被认为是电影史上非常重要的影片。他的妈妈汉娜(艺名为莉莉·哈莉)是个女高音歌唱演员,她把自己对于戏剧、歌唱和朗诵的热爱传递给了卓别林。卓别林从小就加入了伦敦的兰开夏剧团,然后马上就因为卓越的表演才能而为人所熟知。他还在一家马戏团里工作,并在那里学会了无声表演。1911年,他移居美国,并且获得了很多重要的电影角色。他真正的兴趣是电影,他运用自己的才能和丰富的想象力创作了一系列电影短片,短片的主人公叫查洛特,由他本人出演。查洛特穿着一件只扣了一个扣子的紧身西装,裤子和鞋子都大得离谱,手里还拿着一根竹竿。他鼻子下面的一撮小胡子和他走路的姿态也广为人知。这个人物永远都是卓别林成功的标志,他因此名满天下,也获得了巨大的财富。当时的电影都是无声的,所以会有音乐和字幕来解释演员的台词。他主演的电影直到今天都被人喜爱,其中著名的是《寻子遇仙记》和《摩登时代》。

贝利

Love and respect

小天才

我的家族姓氏是多·纳西门托，我们家祖上既没有钱，又没有运气！我不是在抱怨，只是在陈述事实。是的，因为我们多·纳西门托家的人已经拥有了生命中的其他要素：同情心、灵活，而且我们家人踢球的能力举世无双，不过就是没有钱和运气。

就先说钱吧，我们本来还是可以有点儿钱的。我父亲名叫若昂·拉莫斯·多·纳西门托，不过大家都叫他唐迪尼奥。他为巴西的很多小球队都踢过球，有一天，他收到了来自米内罗竞技队的征召。

你们肯定会说真幸运啊，是不是？先别着急，听完故事再说。在他首发的第一场比赛中，我父亲就和当时著名的运动员奥古斯托·达·科斯塔发生了一次冲突。他对我父亲做了一个非常危险的铲球动作，就连最好脾气的人都会生气的那种。我父亲对达·科斯塔怒不可遏，从那以后就再也没有为米内罗竞技队踢过球。后来，他去了另一支名为巴乌鲁的球队踢球，并于1946年随队拿到了冠军。

这时候你们肯定会说："好吧，那拿了冠军之后肯定就一帆风顺了！"并非如此。因为在那个年代，踢球只是一种非常普通的职业，挣不了多少钱。后来，爸爸一条腿的十字韧带断掉了，不得不终止了自己的职业生涯。之后，我们家就陷入了彻底的贫困，为了生计，爸爸甚至还在市立医院找了份清洁工的工作。就这样，伟大的唐迪尼奥的身边没有了足球，多了一把扫帚和清洁剂。有句俗话说得好："一个天上，一个地下。"

那个时候，我开始深刻地理解爸爸眼中的哀伤。由于坎坷的命运，他不得不放弃了自己的梦想，我决心和他离得更近（幸亏我们多·纳西门托家的人一直都不缺乏家庭意识）。我和爸爸做了一个约定：我帮他干活，干活期间他给我讲关于足球的一切知识，以及自己职业生涯中认识的那些伟大冠军们的故事，下班之后，他就带我去家旁边的草坪上训练！

我们回到家的时候经常浑身都是泥水，妈妈拿着饭勺到处追打我们，因为我们把地板都弄脏了。和爸爸一起训练很不错，因为我可以踢皮质的足球。我们只有那么一个，皮质的足球太贵了，爸爸不允许我一个人带着球出去。我自己踢球的时候，带的是一个用袜子包着破布和废纸做成的球。可能正因如此，学校里有一群孩子一看见我踢球就嘲笑我。

他们还给我起了个外号，有一件事你们要知道，我所在的学校足球队的守门员叫比利。每次我要射门的时候，所有人都叫起来："守住啊比利，守住啊比利！"他们是因为嫉妒才说的，因为比利经常守不住我强有力的射门。当我一个人踢球的时候，如果他们从旁边经过，也会一起喊起来："比利，守住啊比利！"其他人就误会了。他们听见了比利这个名字，但是以为是"贝"而不是"比"，所以他们就跟我打招呼说"你好，贝利"。

有一天，我没有在袜子里塞破布和废纸，而是装了一个柚

## 小天才

子,好让球更结实点。草坪上有一个西瓜大小的水坑。我想在20米开外准确命中目标。我练了一整个下午,我从水坑的位置开始走了五十步,然后放下了球。就在这时,那些嘲笑我的孩子出现了,他们开始叫起来:"守住啊比利!"听到这五个字我就生气了,真的非常讨厌。

球就在我脚下。20米开外是水坑,就是个有水的小坑而已。我看了一眼靶心,闭上了眼睛,想象着如果想要命中水坑的话,球需要在空中划出怎样的弧线。我助跑,然后踢了出去。

之后的三四秒里,我仍然闭着眼睛。我希望听到那个声音,然后就像变魔术一样,我听到了"砰"的一声!

我命中了。没有人再继续喊"贝利"。现在只有我一遍遍地在脑中重复这两个字。"贝利",这是有史以来最伟大的足球运动员!从现在开始,所有人都会试着学会读这个名字,但不再是为了嘲笑我。

# 贝利

（1940年，特雷斯拉松伊斯）

埃德松·阿兰特斯·多·纳西门托还有个名字叫贝利，是一名前巴西足球运动员，场上位置是前锋，他被很多人认为是有史以来最伟大的足球运动员。贝利的爸爸（人称唐迪尼奥）也是个优秀的足球选手，但是一次膝盖受伤之后被迫放弃了足球。贝利的童年很贫穷，据说他小时候踢的是用袜子包上废纸、破布和柚子的"手工足球"，因为皮质足球太贵了，他的家庭无法负担。他过人的天赋意外被人发现，之后就开始了一段辉煌的足球生涯。1956年，他开始为桑托斯队（巴西著名的足球队之一）踢球，然后入选了巴西国家队。他在球场上的表现无与伦比，因此获得了很多称号，其中就有人称他为"国王"。他的名字直到今天都代表着足球的最高水平，2000年，国际足联评选他为"世纪最佳球员"。贝利创造了无数的纪录，很少有运动员能与他媲美。他曾经赢得过11次巴西冠军、2次美洲冠军、2次洲际杯冠军和3次世界杯冠军。他一生中共攻入了将近1300粒进球，被称为"巴西国宝"和"人类体育历史遗产"。另外，他还热心社会公益事业，是联合国和联合国儿童基金会的形象大使。

特蕾莎修女

Love and Respect

## 小天才

"孩子们快过来!"妈妈叫我们集合了。我哥哥拉扎尔第一个到了,我和阿佳紧随其后。

现在我们都来到了她的面前,"我想跟你们一起做一件事情。"说着,妈妈把一个篮子放到了桌子上,里面全都是新鲜的苹果。

"苹果真好看!是给我们吃的吗?"哥哥问,想到苹果的香甜,他口水直流。

"是给你们的,但不是给你们吃的。你们现在把苹果拿在手上,一个个看。一定要小心啊,要仔细看有没有坏的地方。"

"妈妈,这是我见过的最漂亮的苹果啦!"我闻着一个又亮又圆的苹果说。

"好的,艾格尼斯,你看见这个了吗?"她从篮子里选了唯一烂掉的苹果。

"好讨厌!那个苹果坏了,不能吃了!"姐姐说道。

"我知道,我是想让你们看看,如果这些苹果里混了一个坏的会怎么样。"说着,她把坏掉的苹果放回了篮子里,和好的苹果混在了一起,然后用一块布盖了起来。"我们等几天,看看我们的苹果会怎样。"

接着,她拿出了一个装着饼干的盘子:"这些是可以马上吃的。拿一些给你们的朋友吃,好东西一定要和大家分享。"

那天晚上回到家之后，我们每个人都想掀开布看看，但是没人敢不听妈妈的话，所以我们就决定等着。

终于等到大日子这天了。从学校里回来之后，我好奇地跑向妈妈，她吻了我一下，然后让我去拿曼陀林过来，有一件重要的事要做。是什么事呢？我很好奇，"我马上去拿！""拉扎尔和阿佳，你们也过来吧，快，我们去庆祝庆祝！"

"妈妈，那篮子呢？你说过今天我们要看苹果呢！"我回答说，丝毫没有掩饰我的失望之情。

"我没忘，你们放心吧！我们先来做一件重要的事情，然后再看苹果。今天你们会懂得两个非常有用的道理。"

妈妈让我们穿上外套，然后拿上一桶水。我们出了门，一边走一边弹曼陀林，哼着我们最喜欢的那首歌。妈妈和拉扎尔合唱一个声部，我和姐姐唱另外一个。

"孩子们，你们太棒了！"她对我们说，我们高兴地笑了起来，旁边的人都在看我们。

我们来到了一间房子前面，"我们到了，我想让你们认识一个亲爱的朋友，她很特别。今天她过生日，还邀请我们一起参加她的生日派对。"

我们进去了，房子很小，到处都是酒味。

"妈妈，派对在哪里呢？"哥哥小声问妈妈。

她让我们到下一个房间来，温柔地对我们说："这里，孩子们，跟我来！你好啊，菲莱，我和孩子们一起来的，我们准备了一个惊喜。"

## 小天才

她示意我们开始奏乐,我拿起了曼陀林,虽然在黑暗中还看不到寿星的模样,我还是弹起了那首歌。

我们听到了一阵在金属上摩挲的声音,有人正要从窗户挪到墙边坐着。妈妈坐在了那张上面堆满了被子的床边上。"菲莱,我亲爱的朋友,生日快乐!"然后,我就看见妈妈抬起了什么东西,紧紧地抱着。屋里很黑,我们什么都看不见,但还是继续唱着。

"你们快来认识一下菲莱,孩子们。"

我们只听到了一个微弱的声音,她在跟我们打招呼:"你们好,孩子们,你们唱得太好了!"

我凑了过去,我从来都没见过这样的景象:床上的女人年纪很大了,但是身体却和小孩一样小。她太小了,我害怕一碰到她就会碎掉。

"妈妈,她受伤了吗?"我指了指她胳膊上和腿上的伤口。阿佳和拉扎尔都离远了一些,他们胆子不怎么大。

"没有,孩子们。菲莱生病了,这些伤口是长期卧床导致的。她很疼,但她从来都没抱怨过!"菲莱笑了笑,然后用手摸了摸妈妈的脸颊。不知不觉间,我靠了过去。"艾格尼斯,把水桶拿来,再把桌上的布拿给我,谢谢。"我马上动了起来,而哥哥、姐姐还坐在房间里仅有的两张椅子上。

妈妈开始清理伤口,每碰一下菲莱,她都要闭一下眼睛。

"妈妈,我可以帮你吗?"我也想帮忙,我也想做点好事。

"当然了,亲爱的,这样菲莱也会很高兴的。拿着。"妈妈递给我一块布,我把布放在桶里,浸湿之后好给老人擦身子。

"谢谢你,艾格尼斯,这是我收到过的最好的生日礼物了!"菲莱说着,用手摸了我一下。

陪了她一段时间之后,妈妈说我们该走了,但是在这之前我们又唱了最后一首歌,还在桌子上给菲莱留下了很多好吃的。

出门的时候,我情不自禁地说:"妈妈,这次派对真的太棒了。我真的很高兴能来参加。"

回到家之后,妈妈把我们叫到了餐桌旁,桌上放着盖着布的篮子。"孩子们,看这里!"然后就掀起了布。

"哦,不!"我们齐声叫道,所有的苹果都烂掉了,全都不能吃了。

"你们看到了吧,孩子们,这就是一个烂苹果的威力。那些做坏事的人和那个烂苹果一样,你们全都要做好事才行。但是今天,菲莱还教会了我们另外一个道理:做好事的人拥有着巨大的力量,要记住,做好事是会传染的。"

我看着妈妈,想着她刚才说的话,"我们什么时候再去菲莱家呢?"

## 特蕾莎修女

(1910年，北马其顿斯科普里—1997年，加尔各答)

她是个天主教慈善工作者，博济会的创始人。

艾格尼斯（她成为修女前的原名）和兄弟姐妹们出生于现在的北马其顿共和国。她还小的时候，父亲去世了，母亲撑起了整个家庭，并且教育艾格尼斯从小关注穷人，各种弱势群体经常到她们家来寻求帮助。

艾格尼斯继承了妈妈的博爱精神。1928年，在刚刚成年的时候，她进入洛雷托修女会，成了特蕾莎修女。第二年，也就是1929年，她去了加尔各答，这是印度最大的同时也是贫困率最高的城市，她开始在学校里教书，照顾有需要的人。特蕾莎修女受到了所有人的喜爱，她和善、阳光，并且非常乐于助人。之后，她在印度创立了博济会，里面集合了众多像她一样选择为穷人服务奉献一生的女性。她还照顾麻风病患者，为他们建造了收容所，当时其他人对他们全都敬而远之。她的精神代代相传，现在有很多人继承了她的信念，在全球各地的博济会里继续做着好事。这是一个爱的奇迹，到现在都还感动着很多人。特蕾莎修女于1979年荣获诺贝尔和平奖。

费德丽卡·佩莱格里尼

Love and Respect

## 小天才

我现在在海边，沙滩上全是太阳伞。我面前这片沙滩上有两个小女孩在打沙滩排球，她们很厉害，击球速度越来越快，从来都不失误。突然，球落地了，滚到了我的鞋边。其中一个小女孩走了过来，她微笑着把球捡了起来，然后对我说："你想和我们一起玩儿吗？"

我马上表示愿意，跟着她来到了沙滩上。她们扔下球拍就开始跑了起来。

"你去哪里，小费？"我弟弟对我喊，刚才我们俩还在一起玩儿。"我也去！"

"不行，你就在这里待着！"

我的声音特别大，他听了之后就坐到了沙子上，一句话也没有说。

两个女孩跑得特别快，我用尽全力才刚刚能赶上她们。跑着跑着，我的鞋里进了沙子，我慢了下来。我看着她们跑向了海边的岩石，灵活地在上面爬来爬去。我也开始爬，尽量踩在那些平而舒适的岩石上，从那上面几乎看不到海了。终于我赶上了她们。离得更近之后，我能看得更清楚了，这时候我才发现她们俩比我大很多。

其中一个女孩有些趾高气扬的样子，她挑衅一般对我说："你肯定不敢从这里跳下去！"

"我本来想和你们打沙滩排球,为什么到这里来了?"我几乎有些哽咽地说。我真的对从岩石上跳下去不感兴趣,可怎么跟她们说呢?

"你怕了!你怕了!你不敢跳!"

哎,真的伤脑筋!她就不能静静走开吗?我看着颜色像黑炭一样的海水,深不见底。水就像头怪兽,我感觉心都到了嗓子眼儿。我转过身往后走去。

"你就是个胆小鬼!"两个女孩齐声喊道。

"我才不在乎!"我只想往前跑,这时我听到大海正在紧紧地跟着我。然后我就看见了我家,我打开门叫妈妈,但是没人回答我。我跑到自己的卧室,躺在了床上。我大叫着:"救命啊!"黑色的海水从门缝里渗了进来。我蜷起了双腿,嘴上仍然在喊妈妈,而且声音越来越大。门被水拍打着,我的房间里到处都是海水。我站了起来以防溺水,我感觉水淹到了肚子的位置、脖子的位置。就在一瞬间,我整个人都淹在水里了……我无法呼吸,我想让自己漂起来,但是鞋子却把我往下拉!

"救命啊!"

然后一个声音把我带回到了现实:"你在干什么?"我睁开了眼睛,看到弟弟正害怕地看着我。我深吸了一口气,仍然有些惊魂未定,我对他说:"我差点儿淹死。"

"刚才你害怕了!睡着就叫了起来。你做噩梦了吗?"

我摸了摸床,确认是干的,又看了看弟弟,我快要哭了,我太害怕了,马上伸手抱紧了他。"太可怕了,我无法呼吸,我

## 小天才

的嘴里都是水。明天的比赛肯定比不好,我有预感。我训练得很刻苦,也是最强的那个,但是我就知道会有什么事发生!"

"你还是老样子,老是说这说那,最后赢的还是你!"弟弟反驳我。

"早啊,宝贝,你睡得好吗?准备好比赛了吗?"妈妈已经在厨房里了。

"你就不能问点儿别的吗?我害怕今天比赛。"我回答。

"你怎么了?你从来都没退过赛……"

"我拿不了冠军,因为我怕大海。我永远都成不了真正的游泳选手!"虽然我经常在泳池里游泳,可在大海里游泳,我还是不适应。

妈妈看着我。我哭了,把梦里的场景讲给了她听,这不是我第一次做这种梦了,我觉得应该是比赛导致的焦虑。我太伤心了,我想把头埋在枕头下,就这样待一整天。

妈妈坐到了我的旁边,听我倾诉了一会儿。她抱着我,一直安抚我,直到我冷静下来。她把阿莱桑德罗的画笔拿了过来,对我说:"你还记得你小时候喜欢玩的那个游戏吗?那时候,你

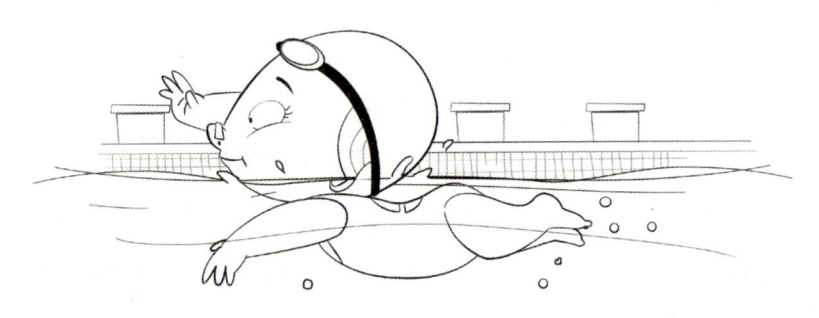

总想在我身上画点儿什么。看着你画的图案，我总是特别开心。你就是为水而生的，把手给我。"

妈妈拿起了一支画笔，开始在我的右手上画着什么。"好了，这样你今天在比赛的时候每打一次水都能看到它。"她志得意满地对我说。

她给我画了一只长着翅膀的美丽蜻蜓，"你就是为了在水中飞翔而生的，你1岁的时候就会游泳了。你没接触过大海，害怕很正常。但是明天比赛就是在泳池里，你会游得很好的！"

我满眼都是泪水，紧紧地抱住了她。现在我感觉自己就像狮子一样强。

在起点，我伸开胳膊看了看上面的蜻蜓。"砰！"我起步很快，每打一次水，右手划过前额的时候，我都能看到水在我肚子下面快速流过，我甚至忘记了呼吸！等我游完的时候，我的对手才刚游了一半。我赢了！我上岸之后马上向妈妈跑去。"你是世界上最美丽的蜻蜓！"她对我说。我什么都不害怕了，黑色的大海也不怕。

## 费德丽卡·佩莱格里尼

（1988年，米拉诺威尼斯）

她是年轻的意大利自由泳选手，出生在威内托大区，从刚出生开始，妈妈就带她接触了游泳，但是当时谁都没有想到这项运动会陪伴费德丽卡的整个童年。从6岁开始，她就已经在各种赛事上所向披靡，展现出了极大的求胜欲。14岁时，她获得了第一块全国大赛的奖牌，她在200米自由泳项目上获得了第三名。16岁时，为了更好地训练，她离开家，搬到了米兰。2004年雅典奥运会上，她获得了200米自由泳的银牌，并因此被世人所知。2008年北京奥运会上，她在同一个项目上获得了金牌，并且打破了世界纪录。

# 巴勃罗·毕加索

Love and Respect

## 小天才

　　一只死鸽子，我之前还从没见过。我们家有许许多多的鸟，全都是我爸爸画的。你明白了吗？以为他会根据自己的起床方式随便给羽毛涂色？不，他会先仔细地观察它们一番，然后再画到画布上。我爸爸是个画家，他尤其喜欢鸽子，比如现在躺在我脚边已经咽气的这只。它看起来只是睡着了，一动不动，好像就是在等着我来。

　　我连忙跑回家，拿上纸、铅笔和粉笔，又折返回来，我在路边坐下，这个绝佳的机会千万不能错过。

　　爸爸经常让我帮他推敲绘画的细节：鸟喙的细节、爪子的形态，他说我很有天赋。正是他教会了我一切。在画画这件事上，我乐此不疲，我很享受把脑海中的画面一点点呈现在纸上的过程。我画的东西各不相同：有时是爸爸布置的练习，有时是我自己的奇思妙想。现在，我虽然学会了画画的基本方法，但我不爱循规蹈矩，我喜欢打破规则，用铅笔尽情挥洒。这只在我面前一动不动的小鸽子，正是老天给我的礼物。当然，我有点儿难过，或许它更愿意在广场上啄谷粒吃，而不是在这里被我画。

　　我弯下腰凑近看去，它双眼微张，羽毛顺滑而有光泽。我已经拿好了铅笔和几张画纸。至于它生前是不是一只快乐的鸟，是否做过哪怕一件比吃谷粒更重要的事，这谁知道呢？它的喙紧闭着。我弯腰凑得更近，四周静悄悄的，什么声音都没有，我很喜欢这种感觉。阳光将它的羽毛照得闪闪发亮。我不害怕，它躺在那儿，我觉得这很正常，我一边这样想着，一边伸出空着的那只手，碰了碰它后，我又轻轻抚摸它。它的身体不再温热，却也不冰冷；我就在那里歪头看着它，将手放在它的背上。这时，我听见有人说话。

"你这个小孩胆子挺大！"

我一惊，"蹭"地站起来。谁在说话？我看了一圈，明明没有人。吓得我东西都没拿住，纸和笔都掉在了地上。

"喂！说你呢。我可不怕你。我现在的确不如以前好看，可你还是摸了我。你怎么又不愿意跟我说话了？"

我重新坐下。那只鸽子还是一动不动，它的嘴也没有动，我却听见了它的声音。它在和我说话。我小心翼翼地一点点靠近它。

"你真是个奇怪的家伙，竟然拿着纸和笔对着一只死鸽子看半天。如果我活着的时候看到你这样，我会觉得你是个彻头彻尾的疯子。"

"我从来没见过死鸽子，所以很好奇。我想画幅画给我爸爸看！"我这样答道，对发生在我身上的一切依然感到不可置信。

## 小天才

"你的意思是,你爸爸也是个怪人,也会绕着一只死掉的鸟看来看去?"

"差不多吧。我想画你,所以才想靠近点,仔细看看!"

"总之,你这是一箭双雕。"话音一落,我就听见它咯咯直笑。我不觉得有多好笑,只能装作什么也没听见。这只可怜的小鸽子已经死去了,但我也不想对它不敬!

"我想记住你身上的每个细节!"

"记这个干什么?谁会对一只鸽子感兴趣?更何况是一只死鸽子!"

"我很高兴能遇见你,我想让你变得独一无二。我想把你画下来,永远保存下来!"

"那你刚刚碰我干嘛?"

"我想感受一下你的身体构造,我不仅想画出你的样子,还想画出你带给我的触感。现在你还在讲话,可能你说得对,我真是个疯子。"我嘀咕道。

"你看见过我吸气时是怎样鼓起胸脯的吗?虽然现在你看不出来,我也的确没法让你见识一下,但以前我一直唱得比别的鸟响亮。旋律没那么动听,但胜在嗓门大!这就是我最了不起的地方!"

我朝它笑了笑,却在心里问自己,我是不是真的疯了。然后我就开始动笔了:先画出大致的形态,再打磨细节。在画到它胸脯的时候,我顿住了,我打量着这只鸟,想象着它唱歌时的模样。就这样,我画出的作品源于我所看见的东西,却又不止于此。我给这幅作品命名为《重新鼓起胸脯的鸽子》。在给羽毛上色的时候,我饶有兴致地在别人看不见的地方画了一些音符,这是我的个人签名。渐渐地,粉笔越用越短。完成!我和这只鸽子一起陷入了沉默,直到"啪嗒"一声响,有滴雨点落在了我的画纸上。下雨了。我站起身。这只鸽子依然一动不动,和以前一样。我看了眼画纸,然后躲到了附近的树下避雨。我指尖一点,将纸上的水滴晕开,它把背景染成了蓝色。我感觉蓝色充分地表达了我这时的感受。于是我拿出蓝色粉笔将背景涂满,又伸出手去接雨水,最后用雨水重新涂抹这幅画——一只在蓝色背景下,挺着胸脯,想要高声歌唱的鸽子。我最后看了一眼那只躺在马路上的小模特。"小鸽子,再见了,你以前真的很漂亮。"

  我跑着去找爸爸,迫不及待地想向他展示我的画。我多么希望,我所感受到的一切,他也能感受到!

## 巴勃罗·毕加索

（1881年，西班牙马拉加—1973年，法国穆然）

毕加索，西班牙画家、雕刻家，被称为当代艺术大师，他的作品新颖，极具独创性，他也因此举世闻名。毕加索对绘画的热爱还要归功于他的父亲胡安。在毕加索小时候，他的父亲就教会了他主要的绘画技巧。他有两个妹妹，很可惜，他最疼爱的那个小妹妹在她7岁时去世了。失去妹妹的伤痛深深地刻在他心上，也影响了他的创作风格。在学校时，他不守纪律，但一直在绘画上不懈努力，最终取得了杰出的成绩。他先移居巴塞罗那，然后是法国，他在法国度过了余生。直到90多岁时，毕加索还在坚持创作，他令人惊叹的创造力源源不竭。他总是敢于创造新的绘画方式，无论对于当时还是后世，这些都是不容忽视的成就。在整个艺术生涯中，他既不断探索，在绘画上追求完美，又完善了立体主义（一种抽象画流派，不讲究准确的形象，而追求重要内涵的表达）的变形，他尤其喜欢在画作中只用一种主色调（比如他著名的两个创作时期，"蓝色时期"和"玫瑰时期"）。毕加索也喜欢不断发觉新的绘画材料，并运用到他的画作中。这位艺术家还参与社会活动，在西班牙内战期间，他创作了非常著名的作品——《格尔尼卡》，这幅享誉世界的作品的主题是反对暴力、呼吁和平。

奥黛丽·赫本

Love and Respect

## 小天才

"奥黛丽，你离开座位多少次了？你数得清吗？"问完之后，老师还不忘调侃我糟糕的算术能力。

"四次，不，大概五次……"我犹豫着答道，感觉有点尴尬。

"好了，今天你开小差开得够多了。你就不能老实一会儿吗？"

全班哄堂大笑，不过我也不在乎。虽然我数学不太好，但说到数字，倒计时我就擅长得很：再过 20 分钟就该下课了；离舞蹈课还有 4 个小时；还有 10 天，我妈妈就从荷兰回来了，她要回来给我过生日。我感觉我的心已经跳到了嗓子眼儿，"砰、砰、砰"。我在伦敦念的寄宿学校还算不错，反正我已经习惯了这里的一切——除了天空，这里的天空总是灰暗而阴郁：就像要给天空上色时，却发现彩色颜料早已用完一样！

不过，我没法给我爸爸倒计时。他总是突然出现。去年有一回他来接我，带我坐飞机去了英国南部。他明明才刚到，结果一小时后，我就已经和他坐飞机在空中翱翔了！我特别开心，那天真是太难忘了！爸爸总有很多事要忙，我平时都没什么机会见到他，那天我自然有很多话想跟他说，但飞机很快就到了目的地，一下飞机，爸爸就把我送去了学校，然后他又"咻"地消失了。

还好妈妈会陪在我身边,再过不久,我就能拥抱她啦!我们已经很久没见了,因为学校里没地方给她住,所以她没办法来英国和我一起生活。

　　一开始,我不太愿意搬到学校住,但妈妈总有办法说服我。那天她告诉我这个消息,我还清楚地记得她是怎么劝说我的,她说:"你在那儿能学到不少东西呢,这是你爸爸的主意,但我也觉得这安排再好不过。在重点学校念书的话,你会变成一个很优秀的孩子。"

　　我回答:"可是,我会很想你的,妈妈!我怎么能离你这么远呢!"我当时才那么小,我敢说,在我那个年纪,任何人都不会想要离开自己的妈妈。

## 小天才

"你一定能行的。你很勇敢、很坚强！这都是为了你好呀！"我牢牢地抱着她的大腿不撒手，一辈子都不想离开她。当时我才6岁，我只想被妈妈紧紧地搂在怀里。然而，对妈妈来说，拥抱并不是最重要的。她给我梳头，教我念书，把我的一切都安排得井井有条。她想让我把能学的都学了。我很想哭，但妈妈肯定不愿看到我通红的眼睛，所以我强忍泪意，捏紧拳头，同时想着爸爸。他住在伦敦，如果我去了寄宿学校，就可以离他近些了。爸爸和妈妈在前不久离婚了，看着他们分居两地，我特别难受。当爸爸离开的时候，妈妈接受不了现实，她躲在一旁哭得昏天黑地。

总之，只要再等几天，她就过来陪我啦！

这个重要的日子终于到来了！我天生就是跳芭蕾的料，表演当天，我一步也没跳错，而妈妈就坐在观众席第一排。跳舞时，每做一次屈膝，我就看她一眼，她就会对我微微一笑。虽然她变化很大，但还是那么漂亮。最后，所有人都站起来为我们鼓掌。

接下来，到了舞蹈老师发言的环节："你们的梦想是什么呢？长大以后都想做些什么呀？"

所有的女孩都齐声回答："当芭蕾舞演员！"

"奥黛丽，你呢？"她看向我，问道。我知道舞蹈老师尤其喜欢我，她常说我有双会说话的眼睛，我的眼神有种动人心魄的魔力。我特别喜欢这个说法。

所有人都看着我，我说："长大以后我想当个好妈妈，我想照顾我的孩子们。我要好好疼他们！"

老师温柔地说："你的梦想真美好呀！"

我确实是这么想的，妈妈就在台下，当个好妈妈的愿望比什么都重要。我从小就喜欢小孩子，每次看见婴儿车里的小宝宝，我都想抱一抱，因为这件事，妈妈没少批评我。她说我年纪太小，不能抱小宝宝，那样容易有危险，当时我没有跟她顶嘴，但我还是很想抱抱小宝宝，特别想。而现在，我把这个心愿告诉了所有人。

我看见妈妈向我走来，她把我搂入怀中："奥黛丽，你已经很棒了，你一个步子也没跳错。你今天的发型也很好看，简直完美，你是当之无愧的明日之星！"她紧紧地抱住我。后来，妈妈帮我脱下舞裙、卸掉妆容、拆散头发，有她陪伴，我感到很幸福。最后，她微笑地看着我，说："我给你准备了一个惊喜，今年夏天，我们去海边度假吧。一起去，我们一起做许许多多有趣的事情！"

"妈妈，那太好了！我们可以去潜水吗？"我兴奋地跳起来，一把搂住了她的脖子。

"当然，我们一起去潜水！你想玩什么，我们就去玩什么！"

"扑通——"我心里已经响起了第一次跳入水中的声音，妈妈回来了，她真真切切地陪在我身边，最起码，她不会突然消失不见。

## 奥黛丽·赫本

（1929年，布鲁塞尔—1993年，特洛什纳）

奥黛丽·赫本是一位著名演员，在世界各地都受到观众的喜爱。在她6岁时，父亲彻底抛下家庭搬到了伦敦居住。奥黛丽小时候跟着父亲，她在英国一所著名的寄宿学校念书。她的母亲是荷兰的女男爵，第二次世界大战爆发以后，她跟着母亲去往荷兰避难。对她而言，那段时期十分艰难，她忍受过饥饿，也体会过贫穷，但最终她爱上了舞蹈，并且越来越出色。后来，奥黛丽开始了自己的演员生涯，凭借着惊人的才华，她很快成为一些好莱坞大片的女主角。各种著名导演和演员都争相与她合作，她在影坛的地位也越来越高。她还凭借着在电影《罗马假日》中的出色表演，荣获奥斯卡最佳女主角奖。她每天凌晨四点起床，认真学习很多东西，她的努力永无止境。人到中年之后，她退出了影坛，毅然决然地投身公益事业。她担任了联合国儿童基金会亲善大使，为贫困地区的孩子送去温暖。她曾四处奔波，呼吁更多的人加入志愿服务的行列，同时也寻求帮助、募集资金，让人们进一步了解贫困的国家。

玛格丽塔·哈克

LOVE AND RESPECT

## 小天才

"爸爸,你来和我玩球吗?"

"还来吗?不是刚玩完吗,玛格丽塔!我看会儿书,你自己玩吧。"

讨厌,真没意思。爸爸只要拿起书本,就什么希望都没有了。

"一个人玩没意思啊!"我回嘴说,希望他能回心转意。

"自己找东西玩吧,看看你身边,有多少好东西等着你去探索一番!"

再多费口舌也没用了,"可以的话,你就继续这么玩,我还没看完书。"当他这么说的时候,我也可以去自己玩自己的。很可惜,我是独生女,而且还是不擅长交朋友的那种。我也试过让别人喜欢我,但是每每不得要领。我不知道怎么引出话题,所以最后总是一个人玩。而且我还病了,当别的孩子都去上学,在学校里交了朋友的时候,我只能一个人待在家里。所以,现在我的身边没有孩子可以一起打篮球也不完全是我的错。

我的家庭有些不一样。爸爸负责照顾我,而妈妈去上班。妈妈的工作是画画,或者说是临摹美术馆里展出的画。她临摹得特别好,人们都来买她的画,因为真画实在太贵了,一般人买不起。我的父母有一个优点,就算是再普通的东西,经过他们的手也会变得特别。通常周日早晨的时候,我们一家都会穿戴得整整齐齐，去草坪上吃早餐。妈妈会为野餐准备很多好吃的：面包、黄油、果酱、苹果蛋糕、饼干等。可能我们只会走几分钟，但那也是不同的，可以说是种历险。我已经很喜欢野餐了，他俩比我还喜欢。他们像孩子一样开心。可惜妈妈现在不在，为了满足我的胃口，她工作得太多了。

我好像找到了在爸爸回来之前打发时间的方法！我爬到了这棵大树上，如果妈妈在的话，她肯定不会允许我这么做！这并不容易，但我很灵巧。我只需要把脚蹬在凸起处就行了，这样一来，我就有了发力点。哎呀，真滑。我爬到顶了，从高处可以看见爸爸。我很想在这上面给自己盖间屋子。正当我做着白日梦的时候，突然我感觉脚下一滑，失去了平衡，"啪"的一下，我径直摔在了坑里。背好疼啊！而且到处都是泥，不过好在我感觉没有摔伤哪里。

我正要爬起来，一个声音关切地问："小姑娘，摔疼了吗？"一位优雅的女士赶忙朝我走来，"你是一个人吗？"

"没事的，女士，谢谢您，我爸爸在那里。"我回答说。

"不会吧？他什么都没注意到。先生？先生？不好意思，您的女儿从树上摔下来了，她可能受伤了。您来看看吧。"

我爸爸太冷静了，他将目光从报纸上移开，只是说了一句："您放心吧，女士，玛格丽塔只是在玩'落下的流星'。您看着吧，她马上就能站起来。"然后就又低头看起了报纸，就好像什么都没发生。

那位女士还是有些惊魂未定，她从包里拿出一个手绢帮我

## 小天才

擦掉脸上的泥水。而我已经准备好再上一次树了,而且我还像小狗一样抖抖身子。我想看看如果泥水溅到这位女士的白裙子上的话会是什么效果,看见她,我就想笑。我礼貌地向她告别,然后又朝着树跑了过去。"今天可能最好别再玩危险的游戏了。"想到爸爸说的那句话,我的嘴角露出了微笑,流星确实是我的爱好,可是我从没想过要做一颗流星。可能是这样吧,我之所以那么喜欢观察天空,是因为我本身就属于天空。正说着的时候,我低头看了看裤子,发现上面有两个大泥点子。好吧,我肯定不是那种明亮的星星,我自言自语道。

就在我一个人窃笑的时候,我听到一个小孩对我说:"嗨,你想和我们一起玩吗?"

"你在跟我说话吗?"

那个跟我说话的小孩朝我伸出了一条胳膊,其他三个人就在不远处:"我叫阿尔多,我们想玩球,你来吗?"

有真实存在的小孩想和我一起玩?我感觉不是真的!"好的!"我马上回答说。

"你刚才摔倒了吗?"他们之中的那个女孩问我,她看见了我裤子上的泥点子。

"嗯,是的!我在玩流星游戏!"啊,不,我说了些什么,他们会以为我疯了。因为我总是想到什么就说什么。

可是女孩却有兴致地看着我:"我喜欢星星,但是这个游戏我没听说过。你能教我们吗?"

"太愿意了,但是下次再说吧。今天我已经玩够了。"刚才摔下来的疼劲儿还没过去,我可不想重蹈覆辙!"现在我们玩球吧!"

就这样,我们成了好朋友,成了一个团队,不,应该说是一个星座。

### 玛格丽塔·哈克

（1922 年，佛罗伦萨—2013 年，的里雅斯特）

玛格丽塔出生于佛罗伦萨，是世界知名的天体物理学家。她的家庭非常团结：爸爸由于在法西斯时期捍卫工人权利而失去了工作，学美术出身的妈妈开始临摹乌菲齐美术馆里的画，卖给游客维持生计。玛格丽塔是独生女，正是由于这个原因，她在玩游戏和打发时间的过程中培养出了丰富的想象力。她打篮球，还拿过不少篮球赛的冠军。她毕业于佛罗伦萨大学，然后开始了学术生涯。她在很多天文馆（那里有很多可以观测天空和宇宙的设备）里工作过，还出版了很多科普作品。1964 年，她移居的里雅斯特，既在大学里教书，又领导着当地的天文馆。她很擅长和孩子们沟通，把自己对于星星的热爱传递给他们。她在 80 多岁的时候写道："我感觉自己还是和 20 岁时一样，渴望生活，想好好地晒晒太阳，看看雷雨交加，想在绿地上奔跑，或者跨上自行车骑个几千米。"除了做一个科学家，她还积极为保护大家的权利而奔走，和任何歧视行为（关于肤色、宗教、性别的）作斗争。

安妮·弗兰克

Love and Respect

## 小天才

我到阿姆斯特丹的时候很匆忙。爸爸对于纳粹在德国的壮大,一直又恨又怕,最后他觉得我们待在德国太危险了,因为我们是犹太人,每天都惴惴不安,生怕会被驱逐或是遭遇什么不测。

出发的时候,我又伤心又激动。伤心是因为我甚至不能和朋友们告别,爸爸特地嘱咐过我这件事,不能告诉任何人。我被套上了一件外套,还戴上了一顶大帽子,这样别人就看不到我的脸了。我从那些看着我长大的人身边经过,心想:"再见了朋友们,很高兴能认识你们,虽然以后我们再也见不到彼此了。我相信总有一天我会出名的,我会写出来好看的书,到时候你们就可以跟别人说:我认识安妮·弗兰克,她是我的邻居。她很讨人喜欢,很机灵,还很活泼。我一直没忘记她。"

那一天,除了伤心,我还很激动。我梦想着新家和新的生活。我听别人说,我们要去的阿姆斯特丹是个非常漂亮的地方。爸爸说过很多次,阿姆斯特丹是北欧的威尼斯,是一座运河上的城市,从一个街区到另一个街区需要划船过去。我从来都没去过那里,但是有一些亲戚去过阿姆斯特丹度蜜月,他们都说那是世界上最美丽的城市。"如果阿姆斯特丹真的是北欧威尼斯,那我就要住在一座甜蜜浪漫的城市了。"我当时想。我还想象了我们的新家,以及到那里之后可以结交的新朋友。

我的激动也传染给了家里人。我们在阿姆斯特丹开始了"第二人生",爸爸马上找到了一份可以维持一家生计的营生。

他生产一种让果酱增稠的物质,加入这种物质之后,果酱会变得又软又密。我是个小馋猫,我觉得爸爸再也找不到比这更好的工作了。爸爸的生意进展得很顺利,很快他就开了第二家店。不过在1940年,一切又都变了,这个国家也开始实行反犹太人的法律。我感觉到背叛、迷失和迷惑,我当时才刚上中学不久,还结识了很多新朋友,我不想再一次失去朋友。我不想让他们制定的一系列规则改变我的生活,限制我的自由,仅仅就因为我的祖祖辈辈相信上帝而不相信耶稣。这有什么问题

小天才

吗？我不断地问自己。我们也有幸福生活的权利！这也是我仍然梦想着长大成为作家的原因。这是因为，我终于也有被别人倾听的权利了。如果我能写出优美深邃的词汇、充满和谐和平之美的句子，那就不一样了。

其实我的写作生涯已经开始了。前天是我的生日，爸爸妈妈送了我一套写字用具。他们满足了我的要求，送了我墨水、墨水瓶、笔和一本非常雅致的皮面笔记本。自从我看到这些东西的第一眼起，我就知道自己的第一个故事离诞生不远了。我打开笔记本开始写了起来，文字在我的笔下飞一样地出现了。我很开心地创作出了一篇小说，主人公正是西塞·范·马克斯维尔德小说里的女英雄约普·特尔·豪尔，前者是我和朋友们最喜欢的荷兰作家。很快我就写满了一整页。"噗！"我的手肘不小心打翻了墨水瓶，墨水像河流一样浸湿了我刚刚写完的那一页纸！墨水实在太多了，就连笔记本下面的几页纸也浸透了墨汁，再也用不了了。

我后来想，这可能就是宿命吧。后来我想明白了，如果我真的想成为作家，让大家都有兴趣听我说，那我就不能写一个已经存在的女英雄的故事！我想到了一个点子：有个故事全世界只有我讲得最好，那就是我自己的故事。就讲这个故事了！我惋惜地撕掉了笔记本的前几页，反正已经用不了了！然后就开始写下了我的第一篇日记。

我已经记了两天日记，现在看来还不错。里面记了一些日常事务，都是些日复一日在我身边发生的事情。我的确还没记下什么特别的事，不过我敢确定，接下来的几个月里肯定有很多故事可讲。我都记在日记里，然后发给出版社。有一天我会出名的。每个人都会读我的作品，我将在世界上留下印记。

## 安妮·弗兰克

（1929 年，法兰克福—1945 年，贝尔根·贝尔森集中营）

她是个热爱文学的德国犹太女孩。1933 年，她和家人一起移居荷兰阿姆斯特丹，当时德国国内的排犹运动愈演愈烈。她在阿姆斯特丹开始了新生活。但是很可惜，几年之后，德军入侵了荷兰，弗兰克一家又一次置身于危险之中。1942 年，安妮年满 13 岁，父母送了她一个日记本，之后她开始定期记日记，在日记里，她记录了生活中发生的一切。尤其是，她记录了和另外一家人一起藏匿在一个秘密住所里的日子，那是套公寓，入口用一个书架挡住了，为的是避免被抓走并送进集中营。安妮和家人在里面躲藏了两年，从来都没出来过，最后，一个至今我们都不知道身份的间谍将他们的藏身之处透露给了德国警察（盖世太保）。安妮和家人被逮捕了。她和姐姐玛格特先是被带到了奥斯威辛集中营（现位于波兰），后又被带到了贝尔根·贝尔森集中营（现位于德国），并且双双死在了那里。安妮·弗兰克的日记没有被毁，并拥有众多的读者，也是"种族大灭绝"（这是个犹太词汇，指的是对犹太人的种族灭绝）的标志。

# 路易斯·阿姆斯特朗

Love and Respect

## 小天才

"孩子们快过来,这个发出的声音绝了!"我高兴坏了。有件事你们要知道,我和朋友们正在"捕猎乐器",每当我们找到一些可以用的东西时,都会像过节一样!

"当然了,路易斯,但是前提是,我们不会在摆弄这些破烂的时候割伤手指,你知道有多疼吗?"

"你们就信我吧,我见过一个乐队,他们就是用的这样的牛奶盒搞出来的架子鼓。那个音乐家手里拿着一根棍,棍的一头用一根绳连在一个倒扣的桶上,就这么演奏出来了。那个声音你都不敢想,砰、砰、砰!听了都害怕!我们把它洗洗就行了。再把锈刮一刮,把凹陷的地方都敲平整。"

"锈太多了。不用点儿魔法是搞不干净了!"朋友反驳说,很明显,他的热情没有我这么高涨。

"来嘛,做着做着你就知道没这么难了。稍微清洗一下就好!"我想鼓鼓士气,如果有个目标要实现,我相信我们一定会成功的!"你们听我说,"我继续说,"我们还得再找一个。现在架子鼓的一部分是有了,但是还需要其他乐器。我们乐队不是随便搞着玩的,我们是鼻子上挂着鼻涕的鼻涕虫,我们是声音之王,对不对?"世界上再没有比我更出色的鼓动家了。

"对!"他们齐声说。我的朋友们就是我耳朵里的音乐。

过了一会儿,保罗冲我们喊:"嗨,桶里好像有什么东西,你们快来看！路易斯，快过来看！我不知道是什么，有一个铁棍，还有这个东西，像是个漏斗。"

我看了看那个宝藏，叫了出来："保罗，你真是个天才！"说完，用尽全力把他抱住了。

"你找到的这个东西真是绝了！我们就这么搞，这里稍微压一下，这里打几个孔，这样你吹气的话，声音就能出来了。"

"这么多灰！"他打断了我的话，还是大笑着说的！

"快来！快来看这里，你们就说我棒不棒吧！"另一个朋友朝我们叫起来。"看看这些抽屉，全都是木头，我们的架子鼓快要完成了！我爸爸在家里放了些用不到的皮革。我们把皮革钉在这上面，这里再放个盖子，这就是个真正的架子鼓了！"

"我们收获颇丰啊！别耽误时间了。我们最好快点再集合一次，把所有东西都试一遍，最好今天晚上就集合。"我提醒其他人。现在，我们是有乐器了，该一起来演奏了。我们肯定能成功，我对此深信不疑，而且还要把我的乐观传递给每个人。

就这样，我们带上所有的战利品去我奶奶的棚子。那里从来都没人进，我们可以不受打扰。我们每天都排练到很晚，当然这是得到了父母的许可的！

不过在走之前，垃圾堆里的一个小玩意儿吸引了我的注意。我把它捡了起来。

"你拿那个小玩意儿干什么？"保罗好奇地问。

"过一会儿你就知道了！"我神秘地笑了笑。我把小玩意儿凑近嘴巴，使劲吹了吹。声音很闷，什么都听不见。我鼓足了

> 小天才

气又试了一次。一次又一次。我可丢不起这个人!

太晚了,我的朋友不会放过这个嘲笑我的好机会:"哇哦,这是给聋哑人听的音乐吗?大家都快来听啊,路易斯要表演了!"

我又试了一次,这次我鼓足了气,试着把我的小号吹得更久一些。这就是我的,因为之前从来都没有过这样的东西:这是宇宙中第一个哑号,我自己都想笑自己。不过我还是控制住管子了,我试着用嘴把小号堵得更严实一点,还加了一个漏斗。完美!我还在吹之前把它又擦了擦。

"路易斯,那个东西是出不了声音的。"乔对着我喊道,他是我另一个朋友。就这样,他还没说够:"你知道吗,你吹的时候腮帮子鼓得就像只青蛙!你的两腮比整个新奥尔良都大,光是这一点,你都可以拿出去给人表演了!"

我气坏了,我真想把乔的腮帮子给拧起来。我继续向口腔里送气,用尽全力去吹,然后"嘭"的一声,沾满了口水的漏斗飞了出去,结结实实地落在了他头上。乔惊讶又有些恶心地看着我。你们真该看看漏斗在他脸上的样子。我再也忍不住了,倒在地上狂笑起来。保罗和其他人也笑得直不起腰来了,他们说:"乔,你真的太帅了!"

"太恶心了!"当我们笑得快要昏过去时,他擦了擦脸上的口水说:"你那像青蛙一样的腮帮子还真有劲儿,你该研究研究怎么用好这个本事。"

"我早晚能吹响这个小号,"我看着手里这根伤痕累累的管子,"不过就目前而言,还是最好把你哥哥的小号偷过来吧,我能用它做点曲子出来,我们尽快举办我们的第一场音乐会!你们看着吧,我这像青蛙一样的腮帮子肯定能带来好运!"

# 路易斯·阿姆斯特朗

（1901 年，新奥尔良—1971 年，纽约）

他是一名黑种人小号手兼爵士歌手，也是 20 世纪很出名的音乐家。

他出身贫寒，父母没有办法给他提供很好的条件。路易斯和几个朋友一起在街头卖唱，赚到一些钱贴补家用。他还进过少管所（也就是关小孩的监狱），在里面学会了吹短号，这是一种和小号特别像的吹奏乐器。他意识到自己对于这种乐器很有天赋。出狱之后，他继续投身音乐，而且演奏的爵士乐越来越出色。他在很多大乐队里都演奏过，作为小号手的名声越来越大。在 20 世纪 20 年代初，他移居芝加哥，并加入当地最重要的乐队。他发行了很多唱片，都取得了巨大的成功，一直到现在都还在全世界畅销。

# 现在轮到你了!

你刚刚读到的都是一些由于其取得的成就在全世界知名的人物的故事。在本书的第二部分,你可以找到很多点子,可以发现自己的长处,学习如何成为你热衷领域的专家。

你感觉辛苦吗?不要忘记这一点,那就是,想要度过充实的一生的话,就需要和辛苦为伴。

所以,快撸起袖子勇往直前吧!仔细阅读后面的表格,发掘自己的长处吧!

## 小天才

### 天才是天生的还是练出来的？

想要变成天才的话，如果没有后天的努力，就算有天赋也是没用的。有的人生来天赋就显而易见，有的人生了一双对音乐敏感的耳朵，有的人擅长玩球，有的人对数字着迷，但是如果没有后天的努力，或者没有好的老师，这些天赋并不足以造就一个天才。

### 每个人都有希望

天才不是天生的，而是练出来的，靠的是日复一日的刻苦训练。运气或者魔力小药丸是没用的，要想成为天才，靠的是这些：

★ 一个有天赋的人。

★ 优秀的师父、老师或教练。

★ 靠努力获取一些只有极少数人才拥有的能力或者技能的决心。

> 1% 的灵感
> 29% 的训练
> 70% 的努力

要想成为天才，需要十分努力，在这本书里你也读到了，那些后来成名的人物一般都有过艰难的生活经历。

**莫扎特** 3 岁时就会拉小提琴，7 岁时就写出了交响乐，但是直到快要成年的时候，他才显示出了自己的过人之处，最后名满世界。

**爱因斯坦**在小的时候学习并不好，一些科目还学得特别差。只有当他全身心投入自己感兴趣的科目时，他才成了"世界上最聪明的人"。

**艾迪·莫克斯**是一名比利时自行车运动员，他因为长相凶狠和高超的车技而被人称为"汉尼拔"，他说："那些觉得我轻轻松松就能到达终点的人想象不到我为此吃了多少苦。"

**披头士乐队**是一个让全世界乐迷为之疯狂的英国乐队，他们取得了史无前例的成功，但是在这之前的七年里，他们曾经无数次写歌、练歌。

小天才

## 寻找导师

之前我们提到过,想要成为天才,一位好老师必不可少。我们还不知道你会不会成为一个世界知名的天才,而且很有可能你还没有决定到底要不要成为一个天才,因为从前文各个人物的故事中可以看到,想要成为冠军或是历史人物或是知名学者绝非易事。你需要为此付出多年的努力。

不过有一件事是可以确定的:你想成为一个优秀的孩子,一个吸引别人的人,一个能克服各种困难的人,一个充满了激情的人。

想要知道怎样让自己变得更好,怎样利用好自己的才能,你需要一个导师,你的导师是一个成年人,他/她能够和你一起进行下面我们要提到的一些活动。他/她应该是一个你信赖的大人,最好是经常和你说话的人。这个人可以是你的父母,你的爷爷奶奶,你的叔叔阿姨,一个兄长或者一个教练。

看看自己的周围,好好地想一想,看看你选的这个人能否和你一起进行这个项目。当你确定好了之后,就在下面写下这个人的名字。

现在轮到你了!

　　从现在开始这项任命就定下来了。他 / 她将会是你的导师。

　　这就是我的导师。

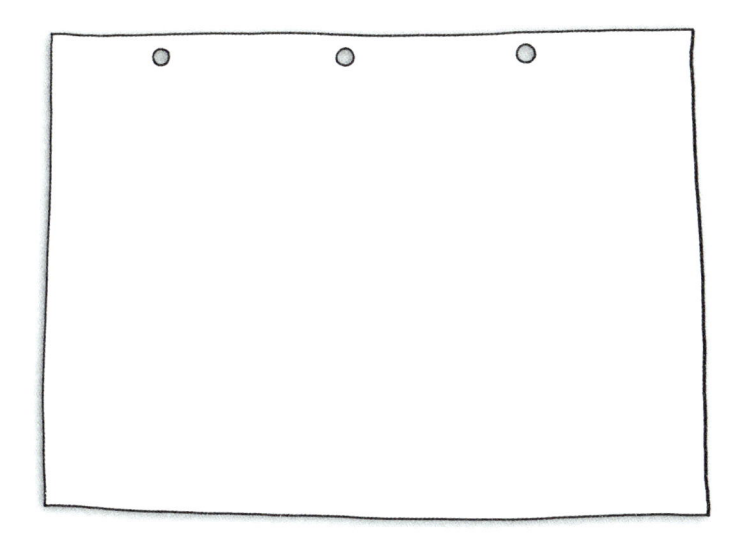

　　从现在开始,当你看到导师标记的时候,就代表这一页的内容需要你和导师一起完成。

导师

小天才

## 让自己获得竞争力的五个法则

这里有五个法则，它们能让你在生活中脱颖而出，成为一个小天才！

★ **学习如何去学习**：我有学习方法吗？如果你要学一门课的话，不仅仅是取得好成绩那么简单，你还要能够长时间记住学到的内容，举一反三，时刻准备好，等等。快去找到能够帮助自己学习的方法吧！

★ **制订计划**：我知道怎么样去制订计划并且达到目标吗？比如，如果一位老师布置了小组任务，想要完成任务，你需要和同伴约定好，遵守期限，分工合作，等等。要学会将每一步要做的事情确定下来，来达到自己设立的目标。

★ **解决问题**：我有能力应对突发情况吗？你为派对设计了一个游戏，但是却发现大家都玩得不开心，这时候你是假装什么都没看见，还是想一个新点子呢？要学会在突发情况下，想出来一个B计划来应对。

★ **沟通**：我知道怎么把自己的想法说出来吗？如果发生了什么让你害怕的事情，或者你想说服朋友们做一件事的话，就需要把自己的感受表达出来，把自己的想法说出来，理解别人的感受和想法。去训练自己当着别人的面说话吧。

★ **合作和参与**：我能参与到别人之中吗？如果学校里有什么活动的话，参与进去并且承担责任可以让你知道自己的能力有多大。要学会主动参与到团体中。

### 这杯水是半空的还是半满的？

积极的想法可以让你生活得更好。

★★★

如果你看见桌子上有一个杯子，杯子里正好有半杯水，你觉得杯子是半空的还是半满的呢？这个简单的例子揭示出，我们从出生的第一天起就开始戴上了一副看不见的眼镜，我们每个人都是透过这副眼镜来看问题的。有的人看问题的态度积极，就算有什么事不如意，他/她也能找到积极的一面，也有的人看问题的态度消极，总是抱怨。积极地看问题是一种可以训练的思维方式。

小天才

## 尝试去评价自己

现在你知道自己的优点有哪些,也知道自己长大之后想成为什么样的人了。

现在,对下面的论断给出自己的评分,1代表到目前为止你还没有想过,所以还要继续努力,10代表你认为自己已经做到了完美。你要诚实地给出评判,全给自己打低分也是没用的,因为万事开头难。赶快撸起袖子,尝试做出一些改变吧!加油!

评判方法:如果有什么突发情况出现时,你变得绝望,不知道该怎么办,像一座雕像僵在那里的话,你就得打个低分。

| 1 | 2 | ✗3 | 4 | 5 | 6 | 7 | 8 | 9 | 10 |

如果你非常擅长为各种问题找到解决方法,比如当妈妈在厨房里正要做蛋糕的时候,因为发现糖用完了而绝望时,你跑过去说:"妈妈,你可以用舅舅送我们的蜂蜜啊!"于是,她就看着你笑着说:"你真是个小天才!"如果你是这样一个遇到任何问题都能想到办法的小孩,那就可以给自己打个高分。

| 1 | 2 | 3 | 4 | 5 | 6 | 7 | ✗8 | 9 | 10 |

# 现在轮到你了!

学习如何去学习:我有学习方法吗?

| 1 | 2 | 3 | 4 | 5 | 6 | 7 | 8 | 9 | 10 |

制订计划:我知道怎样去制订计划并且达到目标吗?

| 1 | 2 | 3 | 4 | 5 | 6 | 7 | 8 | 9 | 10 |

解决问题:我有能力应对突发情况吗?

| 1 | 2 | 3 | 4 | 5 | 6 | 7 | 8 | 9 | 10 |

沟通:我知道怎样把自己的想法说出来吗?

| 1 | 2 | 3 | 4 | 5 | 6 | 7 | 8 | 9 | 10 |

合作和参与:我能参与到别人之中吗?

| 1 | 2 | 3 | 4 | 5 | 6 | 7 | 8 | 9 | 10 |

从正面去看事情:我能看到水杯是半满的吗?

| 1 | 2 | 3 | 4 | 5 | 6 | 7 | 8 | 9 | 10 |

**导师** 现在,和你的导师一起检查你为自己打的每一项的分数,看看有哪些项目自己还可以提高。在导师的帮助下,写出下个月要做的可以提高自己的三件具体的事情。这三件事情需要能够训练你想要提高的那项能力。然

小天才

后写出一个日期,等到那天,你和导师需要一起检验训练的效果。你需要再和导师一起,就上面打过分的项目重新打一次分,看看是否比上次有提高。好好加油吧!

1._____

2._____

3._____

检验日期:
_____

## 找出我的才能

现在你有导师了,下一步是找出你的才能。

在那些爱你并认识你的人之中,谁能帮助你找出你的强项呢?一般来说,你身边的人也是最了解你缺点的人,他们能给出建议,帮助你变得更好。下面是一些问题,你可以去问自己想问的人。拿出纸和笔,列出你想要采访的人,大人、小孩都可以。收集完答案之后,你要把答案拿给导师看,你们需要找出能够帮助你认识自己的信息:你的强项有哪些?你还要在哪些地方加强?

我最擅长做的事情是什么?

_____

_____

_____

我最大的优点是什么?

_____

_____

_____

用三个形容词来形容我。

_____

_____

_____

### 小天才

长大之后我会成为……

_____

_____

_____

给我一个可以让我变得更好的建议。

_____

_____

_____

现在轮到你了!

## 从小天才变成大天才!

闭上眼睛一分钟,想象五年之后的自己是什么样子。现在,在下面这个轮廓的基础上画出我想象中的那个人。你可以增加任何细节,也可以在你的身边画出你想象中的人。同时也想象一下十年后的你。

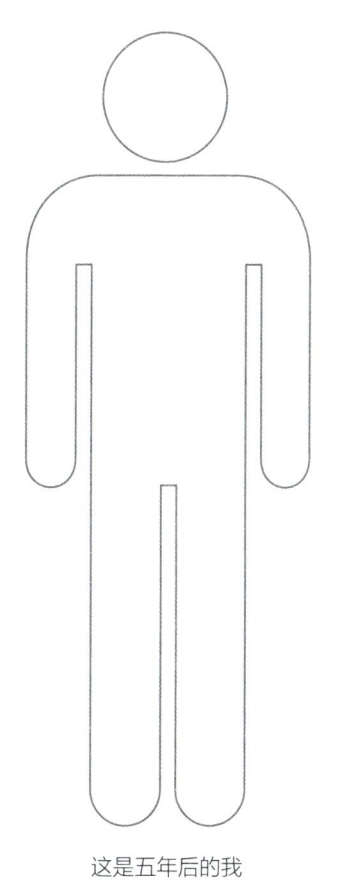

这是五年后的我

小天才

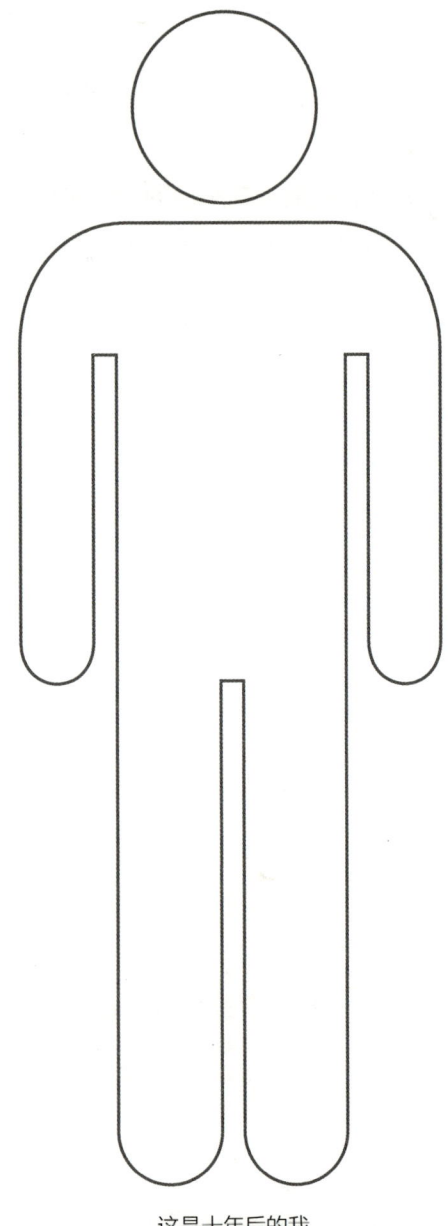

这是十年后的我

## 兴趣、辛苦和枯燥

### 天才生活的三种原料

#### 兴趣是生活的发动机

什么是兴趣？

这是一种我们在遇到非常喜欢的东西时感受到的一种强劲的能量。它的反义词是不在乎。认识自己的兴趣有助于我们确定要在生命中做些什么。

对于你来说，兴趣就是你度过业余时间的地方。

怎么知道自己的兴趣是什么？

如果想要知道自己的兴趣是什么，需要尝试做不同的事情。照顾你的大人们需要在这方面帮助你。

怎样才能知道自己的兴趣是什么？下面是一些简单的建议。

★ 参观各种有关艺术和技术的工作坊（在学校里、在业余时间里等）。不要偷懒，参与进去，只有在做事的时候，你才能感受到什么事能激起你内心的兴趣，什么事是你完全不喜欢的。

★ 仔细观察身边的大人们培养的兴趣，看看他们喜欢什么音乐，看什么电影，有什么业余爱好，可以向他们提问题来了解更多。

小天才

★ 看看自己身边的事物，去探索大自然，看看你身处的环境是什么样的，你的城市里和世界上每天发生的事情等。

★ 参与不同的游戏，可以是运动游戏，也可以是智力游戏，或者创意游戏和艺术游戏等。

★ 读很多的书，如果有条件的话，去图书馆里把什么书都翻一翻，比如带照片的百科全书、课本、传记等。

★ 去问那些和你关系密切的大人，看看在他们看来你的兴趣是什么，或者你在业余时间里可以从事什么活动。

你尝试的事情越多，就越容易知道自己的兴趣是什么。

有一条规则很重要：孩子们是会改变想法的！比如，原来有件事情你以为是自己的兴趣所在，但是有一天你发现并不是的时候，你可以和父母一起做决定，是否要尝试一些其他你感兴趣的事情。但这并不是说，你刚刚在这个兴趣上感受到了一点劳累就要放弃它。

现在举个例子帮助你理解这一点：彼得罗今年9岁，他很喜欢音乐。他一有时间就跑去练钢琴，他很喜欢在琴键上找到刚刚在广播里听到的音符。他有一双对音乐特别敏感的耳朵，以及一双特别适合弹钢琴的手。但是练习弹钢琴是很累的事，每次要去上课的时候，彼得罗都会抱怨。他该怎么办呢？他的父母该怎么办？你想对彼得罗说什么？

和你的导师一起检查你的答案。

### 选择一项运动

孩子和他们的父母在选择兴趣的时候，可能第一个就会想到选一项运动，但运动同时也是我们不喜欢做的一件事。不过，在业余时间培养兴趣并不一定就是要做运动。

### 兴趣和学校

也许你觉得这两个词并没有什么共同点，但事实并非如此。学习和作业也可以成为真正的兴趣。如果你乐于接触新事物，也不在刚刚感到累的时候就退缩的话，你会发现自己可能会对科学实验或是史前人类的历史很感兴趣。如果你有好的老师，你会发现学习甚至比看动画片或打电子游戏还要有趣。你也可能不知不觉中就在研究或是小组作业上花了好几个小时。

### 兴趣和工作

长大了你想干什么？

回答这个问题永远都不会太早。现在想的好处就是，你还有时间改变想法，也许前一天你还想当航天员，第二天就想当烘焙师了。对于大人们来说，能做一个和兴趣相关的事情是非常幸运的。但是很可惜，大部分人不是这样，工作时间就变得沉重而且劳累。而如果一个成年人喜欢画画，并且最后成为画家，那就不一样了。做自己喜欢的事情、培养自己的兴趣也可以挣钱养活自己。

## 辛苦和枯燥：是敌人还是朋友？

在你看来，它们是你幸福的敌人还是盟友？

### 小天才

辛苦是一种持续了很长时间的努力，它会让人失去能量并且变得疲劳。辛苦的感觉会让你产生放弃一切去休息的想法。当我们从事一项需要高强度、长时间努力的事情时，我们会感觉辛苦，比如跑步、做数学作业、一幅要花很长时间完成的画、一项爸爸或妈妈交给我们做的家务活等。

辛苦可能是身体上的，也可能是精神上的，也可能是两者都有。

你感觉过累吗？当然有。那么就去分析一下，当你感觉累的时候一般会怎么做。等到下次你感觉累的时候，试着回答下列简单的小问题：

描述一下当时的情况：_____

我感觉如何：_____

我可以做什么：_____

#### 举一个例子

描述一下当时的情况：艺术老师让爱丽丝用点画法画一幅画。她才画到一半就觉得枯燥了，她不想画了，只想去玩。

我感觉如何：无聊，手疼，想做别的。

我可以做什么：

A 方案：坐到沙发上，带着没画完的作业去学校。

B 方案：草草地画完，然后就可以做别的了。

C 方案：全力以赴好好完成任务，尽管很累，但是拿到了很高的分数。

和导师一起回答问题：

爱丽丝在采取了A方案、B方案、C方案后，分别会有什么样的感觉？

你认为哪个方案能让爱丽丝更快乐？在三种方案中，爱丽丝还会感觉辛苦吗？

如果想让爱丽丝接受最辛苦的C方案，你觉得自己可以给她什么建议？

你认为有哪些方法可以挺过辛苦这一关？

在以往的经历中，你发现了什么可以挺过辛苦的小窍门吗？写在下面。

_____

_____

有两个词对于训练挺过辛苦的能力至关重要：耐心和意愿。

和导师一起谈谈这两个词，听他/她讲一讲之前用到耐心和意愿的具体例子。

枯燥指的是当你无事可做，或者做了什么事但是没结果，又或者感觉总是在做一样的事情时所产生的短期或长期感觉。上述这些情况会让你不高兴、不耐烦。我们总是害怕枯燥，但是你要知道，人恰恰在这个时候更容易想出好的点子。如果把时间全都花在打电子游戏和看电视上，你可能永远都不会感到

## 小天才

枯燥，但这同时也让自己身体内的能量睡着了。如果不知道该做什么，你一定要想个办法，找到填补时间的方法，去娱乐，去创造点儿什么出来。如果你是个永远不会感觉枯燥的人，那你就得想想是为什么了。

> 下面这个小测试可以帮助你找到答案：
>
> A. 你做各种各样的事情，见各种各样的人，你有很多兴趣，经常待在户外，参加很多团队和小组，你喜欢认识新的人和新的事物，你会问很多问题，等等。如果你符合这种描述，就说明你现在干得不错，继续保持吧！你正走在一条充满兴趣的正确道路上。
>
> B. 你每天花很多时间在网上联机打游戏，你喜欢坐在沙发上看电视，你会找各种各样的借口不出门，你喜欢整天穿着睡衣，当老师为新项目征集志愿者时，你从来都不主动报名，等等。如果你符合这种描述，就说明你该换种活法了，去探索新的事物，获得不同的体验，找到新的兴趣点。从今天开始，你每天至少要尝试一件新的事物，来发现自己的兴趣所在，真正发挥自己的特长。

## 你的好点子

我们不是每天都能想到好点子。有很多时候,我们会想到一件想做的事,一个可以进行的项目,但是不久之后,我们就觉得这个点子其实不怎么好,或者干脆我们就忘了。想要评价一个点子的话,我们可以用一个非常简单的标准:它能激发出我们多少想法?比如,如果想要开始写一部小说,我们首先需要一个好点子。如果这个点子成立,那么你的笔就好像停不下来一样,会想写很多东西。如果点子不成立,我们写不了几行就会想撕掉重写了。

人的一生中可能不会有这么多的好点子。下面有几页纸,你可以在上面写出自己的好点子。也许在这些点子中,就会有一个让你名满天下。可能这只是个能让你把某件事做得很好的点子。如果这本书能让你获得什么灵感,让你的一生过得更美好,那我们就太高兴了。

**小天才**

在书的最后,我们要向你们透露一个让我们的生活变得更美好的小发现:早晨你往杯子里倒牛奶的时候,不要从牛奶盒子有口的那一侧倒(这是我们下意识会做的事情),从另一侧倒。你会发现,这样就不会有牛奶滴下来了。把这件事情告诉爸爸妈妈或你喜欢的人吧。如果他们以前不知道的话,就会永远感谢你。

## 这句话是谁说的？

试着猜猜下面的名言是哪个名人说的。你能获得一些终生受用的信息，如果你全都选对，那你就是个小天才！

1. 任何物体之间都有重力。
   - ☐ 艾萨克·牛顿
   - ☐ 查理·卓别林
   - ☐ 巴勃罗·毕加索

2. 不要去背那些可以在书里找到的东西。
   - ☐ 路易斯·阿姆斯特朗
   - ☐ 丽塔·莱维·蒙塔尔奇尼
   - ☐ 阿尔伯特·爱因斯坦

3. 电影里所呈现的并不重要，重要的是你的想象。
   - ☐ 查理·卓别林
   - ☐ 玛格丽塔·哈克
   - ☐ 拉斯洛·约瑟夫·比罗

4. 你根本想象不到，想明白一颗星星怎样运行多有意思。

☐ 玛格丽塔·哈克

☐ 费德丽卡·佩莱格里尼

☐ 安妮·弗兰克

5. 如果你好好培养的话，大脑就会管用。如果你不管它或是让它退休，它就会退化。大脑是具有可塑性的，所以我们思考。

☐ 丽塔·莱维·蒙塔尔奇尼

☐ 圣女贞德

☐ 埃德松·阿兰特斯·多·纳西门托

6. 在牙买加，跑步是种文化。你们的小孩梦想成为足球运动员，而我们的小孩则梦想成为短跑选手。

☐ 特蕾莎修女

☐ 路德维希·凡·贝多芬

☐ 尤塞恩·博尔特

答案：1. 文森特·梵高；2. 阿尔伯特·爱因斯坦；3. 莎翁·卓别林；4. 玛格丽塔·哈克；5. 丽塔·莱维·蒙塔尔奇尼；6. 尤塞恩·博尔特

现在轮到你了!

## 小天才们的画像

下面是前面故事中出现的 20 个人物的画像,你认识他们吗?你能写出他们的名字吗?其中有一个小天才没有出现在这本书里,你知道是哪个吗?

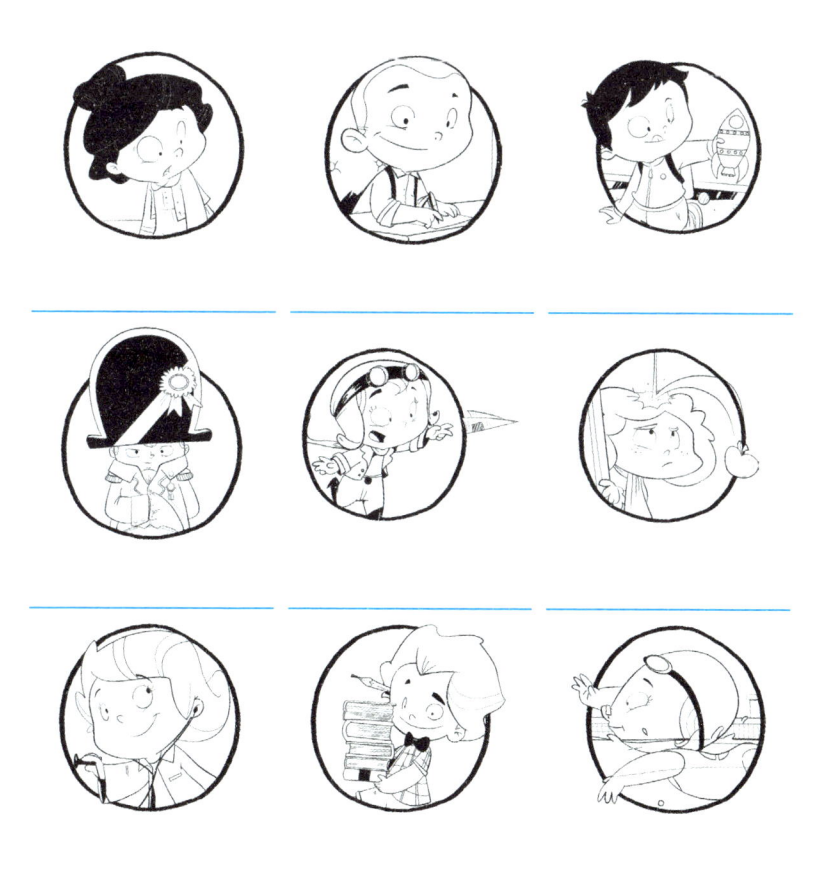

147

# 小天才

答案：我入的是 147 页的第四个小天才，他的名字是看牧之。

# 致　谢

感谢宝拉·贝雷塔给予的大力支持，她仅仅需要一个极具创意的点子就可以让每个故事变得熠熠生辉。感谢她一直以来在修改文章格式时付出的巨大努力和有求必应的工作态度。这真是一场美好的冒险。

感谢平面设计人员，他们和宝拉一起将这本书带到了你们的面前。

感谢插画师，其画作惊艳了我们每个人。通过这些肖像的力量，我们得以一窥这些天才们的童年时光。

感谢琪娅拉·塔桑，他给了这个项目机会，还用自己超凡的能力帮助我们最终完成了这个项目。

感谢克里斯蒂娜，她预先通读了每个故事，将自己的阅读体验告诉我们，给了我们非常有价值的建议，还对文本进行了或大或小的修改。

我们要将本书献给我们的孩子们：雅各布、爱丽丝、彼得罗和卡特里娜，我们衷心祝愿他们每个人都能找到属于自己的人生道路，幸福地度过有价值的一生。